国家出版基金项目
NATIONAL PUBLICATION FOUNDATION

TUDI SUIYUE RENMIN

土地·岁月·人民

百年梦圆·新中国脱贫历程影像史诗

霍用灵　刘树勇　主编

敦煌文艺出版社

图书在版编目(C I P)数据

土地·岁月·人民 : 百年梦圆·新中国脱贫历程影像史诗 / 霍用灵, 刘树勇主编. -- 兰州 : 敦煌文艺出版社, 2024.5
ISBN 978-7-5468-2160-3

Ⅰ. ①土… Ⅱ. ①霍… ②刘… Ⅲ. ①扶贫—经济史—中国—画册 Ⅳ. ①F126-64

中国版本图书馆CIP数据核字(2022)第012338号

土地·岁月·人民——百年梦圆·新中国脱贫历程影像史诗

霍用灵 刘树勇 主编

总 策 划:马永强
杨继军
项目负责人:田 园
责任编辑:田 园
孟孜铭
封面设计:孜 铭

敦煌文艺出版社出版、发行
地址:(730030)兰州市城关区曹家巷1号甘肃新闻出版大厦23楼
邮箱:dunhuangwenyi1958@163.com
0931-2131556(编辑部)
0931-2131387(发行部)

深圳市国际彩印有限公司印刷
开本 787毫米×1092毫米 1/12 印张 35 插页 39 字数 200千
2024年5月第1版 2024年5月第1次印刷
印数 1~1000册

ISBN 978-7-5468-2160-3
定价: 580.00元

卷首语

大道之行，天下为公。站立在九百六十多万平方公里的广袤土地上，吸吮着五千多年中华民族漫长奋斗积累的文化养分，拥有十三亿多中国人民聚合的磅礴之力，我们走中国特色社会主义道路，具有无比广阔的时代舞台，具有无比深厚的历史底蕴，具有无比强大的前进定力。

——习近平

编委会

前　言

2021 年 2 月 25 日，习近平总书记在全国脱贫攻坚总结表彰大会上发表重要讲话，向世界宣布："经过全党全国各族人民共同努力，在迎来中国共产党成立一百周年的重要时刻，我国脱贫攻坚战取得了全面胜利，现行标准下 9899 万农村贫困人口全部脱贫，832 个贫困县全部摘帽，12.8 万个贫困村全部出列，区域性整体贫困得到解决，完成了消除绝对贫困的艰巨任务，创造了又一个彪炳史册的人间奇迹！这是中国人民的伟大光荣，是中国共产党的伟大光荣，是中华民族的伟大光荣！"

消除贫困实现共同富裕，是社会主义的本质要求。中华人民共和国成立以来，在中国共产党的领导下，全国各族人民自力更生，发奋图强，为实现消除贫困打下了坚实的基础。改革开放以来，党和国家开始实施有组织、有计划、大规模的扶贫开发，在大力发展生产力的基础上，着力保障和改善民生，取得了前所未有的伟大成就。

党的十八大以来，习近平总书记站在全面建成小康社会、实现中华民族伟大复兴中国梦的战略高度，为把脱贫攻坚摆在治国理政突出位置，提出一系列新思想新观点，做出一系列新决策新部署。全党全国各族人民在习近平新时代中国特色社会主义思想的指导下，团结一心，艰苦奋斗，攻坚克难，克期建功，终于在建党百年的历史时刻，完成了亘古未有的脱贫伟业，创造了人类减贫史上的中国奇迹，加速了世界减贫进程。这既是中华民族进步的重要标志，也是对人类发展进步做出的卓越贡献。

《土地·岁月·人民——百年梦圆·新中国脱贫历程影像史诗》正是在脱贫攻坚最后时刻，集合了新中国几代摄影家，以影像史诗的形式，对这一历史奇迹的呈现，对中国摆脱贫困的历史伟业的致敬！

本书以具有经典性的纪实摄影作品，在一个较大的历史跨度下，对新中国成立 70 多年来乡土中国历史性巨变，进行全景式的影像呈现，而且以史诗性的结构，对新中国摆脱贫困，迈向新时代的历史发展，做了一次纪实影像的总结和梳理。在新中国的摄影史上，这是前所未有的尝试。

为此，编委会在三年多的时间里，从近百位摄影家的数千幅经典影像中反复遴选，集萃近三百幅摄影作品，按土地、岁月、人民三个维度，构成一部新中国乡土、历史和民族精神变迁的影像史诗，以富于哲理和抒情的基调，具有时代气息和历史积淀的影像语言，向世界展现了新中国乡土社会变迁的宏大历史，并且以全新的结构和逻辑，建构了一部新中国乡土社会变革、蜕变和新生的诗意影像叙事长卷。

习近平总书记指出："贫困是人类社会的顽疾。反贫困始终是古今中外治国安邦的一件大事。一部中国史，就是一部中华民族同贫困作斗争的历史。"历史上的中国，一直没有找到真正摆脱贫困的根本方法。只有在中国共产党的领导下，历经革命与建设的伟大斗争，积累起坚实的经济和物质基础，以及更重要的社会主义制度保障，在"不忘初心，牢记使命"的激励下，举全国之力，实施精准脱贫战略，才能取得我国彻底摆脱贫困的历史性成就！

习近平总书记强调："纵览古今、环顾全球，没有哪一个国家能在这么短的时间内实现几亿人脱贫，这个成绩属于中国，也属于世界，为推动构建人类命运共同体贡献了中国力量！"这样的历史伟业，是如何在艰难曲折、困苦坎坷的基础上逐渐取得的呢？我们试图以纪实摄影的方式，让 70 多年来的影像告诉人们，这一历史成就是多么的来之不易！

呈现在读者面前的《土地·岁月·人民——百年梦圆·新中国脱贫历程影像史诗》，将 70 多年来的乡村巨变，一一呈现于读者眼前，为历史留下一份记录，也为后人留下可供回顾与感怀的史诗。

一条历史大河磅礴奔流的留影和写意

一个古老的国家，在不到一个世纪的时间里，通过工业化和城市化的步伐，跻身于现代世界之列。这种努力充满了焦虑、实验性和奇迹。站在历史这条大河的岸边，透过这些珍贵的影像回顾70多年来的乡土中国变迁，你会看到数以亿计的中国农民对土地的依恋与深情，会看到他们躬耕田畴，以手艺谋生的艰辛，会看到在他们日常生活当中展现的天真素朴诗意，也会看到他们在面对城市化潮流时的迷茫和融入现代生活的努力尝试。世界已不再是一个小桥流水的村落，一个大海一样的世界已经在他们的眼前打开。仰仗着这种内心的坚忍，仰仗着这种融入现代世界的渴望和一代又一代人的持续努力，这条汹涌浩大的河流会一路向前，奔向大海。

《土地·岁月·人民——百年梦圆·新中国脱贫历程影像史诗》就是这条大河磅礴奔流的留影和写意。

刘树勇

中央财经大学文化与传媒学院艺术系主任　教授
著名摄影理论及批评家、艺术家、策展人

为了告慰历史

《土地·岁月·人民——百年梦圆·新中国脱贫历程影像史诗》的策划经历了一年多的时间，它对 20 世纪 50 年代以来的中国农耕文明影像进行了全面梳理，同时对数百位拍摄乡土文化的重要摄影师进行重新认定。最后选择的是那些深入记录乡土中国真实的生存状态、生活方式、生命事件、地方性知识与记忆的影像。

在这些堪称经典的影像中，你可以看到像盐巴、面包一样老实、素朴的影像，也可以看到指向人类共同面临的疑难与困境的影像，更可以看到在时间的推移中能够自我表达的影像。

编选者，是长期关注中国摄影的影像学者，也是影像文化的推动者。比起光影的艺术性，编选者更关注影像如何有意识地参与国家历史的进程。因为，在中国，记录摄影和文献摄影的必要性和重要性，超过世界上任何一个国家；中国的记录摄影在普及常识、抵抗遗忘、归纳和解析时代现象等方面，具有强大的优势。

和百余位入选的拍摄者一样，编选者也是对这个时代和历史影像的重要记录者。

记录影像，为了安抚历史。

陈小波

新华社领衔编辑　新华社系列微纪录片《国家相册》图片主编及讲述人

中国摄影家协会副主席

中国摄影家协会策展委员会主任

中国艺术研修院导师

乡土中国的时代书写

《土地·岁月·人民——百年梦圆·新中国脱贫历程影像史诗》是对当代乡土中国的历史变迁满怀深情的影像书写。

这是一个值得记录的非凡时代。在这片古老的土地上，中国人祖祖辈辈赖以安身立命的农耕文明、数千年的生活和文化传统，正在经历急剧的变革。中国人民告别贫困、迈向小康，成为世界发展史册上最大人群在最短时间实现从生产方式到生活方式，乃至整体社会形态根本性变化的见证者。40 年的改革开放，风起云涌。当代中国的大地上所演绎的这场人类历史罕见的社会变革，令一个拥有数千年文明的古老民族，迎来了历史的转折，迈进了一个新的时代。

摄影作为见证、记录文献的工具，自诞生以来一直是“记录这个世界”的重要媒介。

20 世纪 30 年代在美国所进行的摄影项目 FSA，在摄影的发展史上具有里程碑意义。

这个由国家农业安全局组织，记录当时社会状态的摄影项目，先后有 30 名摄影师参与其中，他们深入到美国各地农村收集有关农业现状的视觉资料。在美国经济大萧条的环境下的摄影师们前后历时 8 年，共拍摄了 27 万张照片，反映受大萧条影响的美国社会、农村的场景，这部庞大的文献构成了一个国家的图景、一个时代的记录。成为反映那个历史年代的珍贵史料，后被收入美国国会图书馆档案，成为历史上一个特殊年代所保留的视觉文献。

“FSA”这种“有意识地去尝试用永久的媒介来保存20世纪的事实和面貌”，“为未来留下一段关于我们这个时代、关于人们的面貌、关于人们所作所为的鲜活记录。与埃及法老或希腊神殿相媲美却又更为精确的纪念碑式文献”的纪实摄影理念成为“摄影”参与社会进程、发挥其独特作用的重要案例。对摄影的发展走向产生了持续的影响。

今天的摄影以其前卫的当代性，不仅表现出了强盛的成长活力，而且在当代社会的文化潮流中愈加成为主流方式，其表现方向亦呈多元和观念化，主观性倾向也成为一个凸显的走向。以纪实方式的摄影似乎已经具有了“过去”的时态概念，似乎纪实已经不再像以往那样被独尊了。物质形态的改变，也弱化甚至取消了它的展示平台。在当代文化思潮的影响下，在多元化、多视角、多种呈现样式共同记录历史的今天，纪录式的摄影方法作为一种摄影术最为根性的文化样式，却仍然没有失去生命力。在多元语境的今天，纪实摄影仍然是为人类留下社会轨迹、留下视觉记忆的重要手段，仍然不失力量。毕竟，纪实摄影传承的更是一种关心人类的思想内核，关注社会现实、参与社会进程，关注人类自身和人类未来、表达人类道德思考力量的内在精神。

当代中国的社会现实以及复杂、激变的人文景观，决定着以记录形式为主要手段的摄影（纪实性摄影），在这样的环境下不是日渐式微，而是进一步拥有发展的未来。摄影的纪实，依然将是一个强烈参与社会文化构建的一种重要形式。面对中国社会如此丰富、巨大，以及不断演变的一个客体，其价值样态的复杂程度，无论从哪个层面上来讲，都太值得记录了。

“摄影记录我们这个时代的社会景象。它反映现在，但为将来作纪实。”FSA 项目代表人物多萝西娅・兰格（Dorothea Lange）的这段话，在今天的中国仍然具有一定的现实意义。

《土地・岁月・人民——百年梦圆・新中国脱贫历程影像史诗》集合中国摄影界一大批卓有成就的摄影家，从不同的视角、以不同风格的语言，共同构成了 70 多年民族历史变迁的影像纪实。这些来自历史现场记录的一帧帧照片，不仅是为中国社会发展的进程，尤其是改革开放 40 多年来取得的巨大成就，所留下的珍贵视觉档案，也让我们从这一个时代的乡土中国发展步履中，一个个老百姓朴素的日常生活瞬间里，看到了属于这个伟大国家的面貌。让人们在这些带有时间烙印的影像细节中，回溯历史，品味深度的诗意力量。

于德水

著名摄影家
中国摄影家协会理事
河南省摄影家协会名誉主席

展现新中国乡村变迁巨变的精神与内涵

我是这么界定《土地・岁月・人民——百年梦圆・新中国脱贫历程影像史诗》的编辑思路的：

土地：人与自然的关系。我们用不同的方式在土地上繁衍生息，享受她的馈赠。

岁月：社会生活的流变。这是人与社会的关系，不同的人在不同的社会环境中扮演着不同的角色。而生活就像是一条河，在流淌中幻化出千姿百态。

人民：人是时代的样貌。不同的时代造就不同的人，不同的人映照出不同的时代。

《土地・岁月・人民——百年梦圆・新中国脱贫历程影像史诗》选辑的摄影作品，集中了几代优秀摄影家的代表性作品，他们以朴实无华的拍摄手法，不仅呈现了中国纪实摄影的最高水平，而且深刻地反映出时代的样貌，将 70 多年乡土中国的文化内涵和精神气质展现无遗。

感谢摄影同仁的大力支持，没有你们精彩的照片就不会有这卷影像史诗，我们能够表达的就只有谢意。

袁东平

著名摄影家

《民族画报》原摄影部主任

谱写新中国乡村历史变迁的影像史诗

《土地·岁月·人民——百年梦圆·新中国脱贫历程影像史诗》以宏大的视野和多重的结构，将新中国乡村、农业和农民的历史性变迁，做了一次纪实摄影的巡礼，堪称一卷新中国乡土变迁的影像史诗。

中国的现代化进程，是在乡土中国的基础上艰难开启的。因此，当我们回顾这些摄影家为历史留下的精彩影像纪录时，可以重回那些激情燃烧的岁月，感受亿万人民英勇奋斗的豪迈，激发我们继续前行的勇气。纪录着新中国乡土、乡村和乡民生活变迁的一幅幅摄影作品，使后来的人们可以感知历史巨变的步伐，倾听九百六十多万平方公里广袤土地深沉的呼吸，汲取中华民族奋进的力量。

将70多年来乡土中国的纪实摄影，放在中华文明近现代巨变的历史背景下重新审视，逐渐将其中蕴含着的诗意与哲思的经典影像萃取出来，放置于一个全新的文明——文化逻辑结构中，从而赋予这些摄影作品新的意义，辅之以诗文导言，构成一部70多年乡土中国变迁影像史诗，是《土地·岁月·人民——百年梦圆·新中国脱贫历程影像史诗》主题摄影画册的编辑意图。

大约在 20 年前，萌生了为乡土中国历史性变迁编辑一部影像史记的念头，《土地 · 岁月 · 人民》的题目也同时涌现。

当有机会重新启动《土地 · 岁月 · 人民——百年梦圆 · 新中国脱贫历程影像史诗》摄影画册的编辑工作，我们决定要从一个更广大更深厚的历史文化背景出发，重新梳理乡土中国历史巨变的深层逻辑，试图以一个新的编辑框架，呈现这一巨变的文化、历史和哲学的意涵。

我们重返那些历史影像的场景，抚摸岁月的留痕，体会时代情绪的脉动。
1949—2020，70 多年间乡土中国的影像，在我们的眼前一页一页翻动，历史在这些影像中活现，我们的思路也逐渐清晰：从影像的角度看，什么是“乡土中国”？自从费孝通先生《乡土中国》奠定了知识界对乡土中国的文化认知理论以来，“乡土中国”不仅成为社会学的一个热点，而且成为摄影界的一个热门。

如何从中国文化和中华文明的深层内涵中，理解和展现乡土中国的影像面貌，我们需要回答三个问题：乡土中国的形成，乡土中国的发展，乡土中国的本质是什么。

当我们梳理、回顾千万幅图片背后的乡土中国的历史变迁时，我们需要寻找一个具体的结构形态，将 70 多年来的乡土中国摄影作品汇聚成一部全新的影像史记，用影像建构一部乡土中国史记。

逐渐地，篇章的题目和结构的层级自然地出现了。

土地，岁月，人民，三位一体，构成乡土中国影像史记的整体骨架；而精心挑选的诗文和哲语，作为影像的导引，提供了诗意的氛围。三卷九章的划分，既是这部影像史诗的段落划分，也隐含着我们对乡土中国易理哲学的数理建构。

翻阅画册，影像自身的含义逐渐呈现，伴随影像的诗文也发生了时空的交错穿插。古典和现代，哲言与歌词，交替出现，与不同章节的摄影作品发生奇妙的碰撞与融合，引导读者在视觉与诗意的交互中，感受、体会乡土中国丰富而多维的意涵。

我们期望，当读者进入这样一个多重结构和复调音乐般的影像史诗的阅读时，会激发自己更丰富的联想，更深刻的思考，以及更深沉的情感共鸣。

我们期望，《土地·岁月·人民——百年梦圆·新中国脱贫历程影像史诗》摄影画册，是一个引导，引导读者进入这些影像层层叠叠累积和纪录的历史深处，重新感受那些摄影师举起相机时的心跳和呼吸，倾听那激荡的历史岁月的涌动与潮声，那是乡土中国 70 多年的蜕变和更新，是乡土中国历史巨变的高歌与低吟。

摄影作品一旦完成，历史的瞬间就永远凝固于画面，当把它们重新召集起来，汇聚于一本画册时，那些激动人心的岁月仿佛被激活了，重新焕发出神奇的光彩。

霍用灵

中央财经大学文化创意研究院研究员
中华炎黄文化研究会理事
传统文化研究学者　策展人

目 录
Contents

为什么
我的眼里
常含泪水
因为
我对这土地
爱得深沉

——艾青《我爱这土地》

土地卷

天地 · 田野 · 故乡

2012 年　黄利平 / 摄影

山东东营，永安镇西十四村。

天

天地者，生

地

之　本　也

——《荀子·礼论》

■ **2013 年　于全兴 / 摄影**

四川凉山布拖，洛古乡坡里村，赤黑么尔各。

1970 年　陈池春 / 摄影

重庆奉节，瞿塘峡。

2011年　杨越峦 / 摄影

河北涞源，长城在高山峭石之间。

2016 年　**牛红旗 / 摄影**

宁夏西海固地区，生产队的草垛化石般残存在当年的集体打麦场上。

山川

山川悠远，维其劳矣。

——《诗经·渐渐之石》

山川

山川参沓，望其茂矣。

——《□□·□□□》

2016 年　牛红旗 / 摄影

宁夏西海固地区，椿树沟。

1972年　茹遂初 / 摄影

青海约古宗列盆地，距黄河源头约 30 公里的河道。

1976 年　茹遂初 / 摄影

青海江源地区，沱沱河。

2016 年 李止 / 摄影

河南新乡。

造化

天何言哉？四时行焉，百物生焉，天何言哉？

——《论语·阳货》

哲学

天何言哉？四时行焉，

百物生焉，天何言哉？

——《论语·阳货》

2016 年　李止 / 摄影

河南林州。

2018 年　曾泽鲲 / 摄影

安徽黄山，黄山始信峰。

2017 年　魏壁 / 摄影

湖南石门。

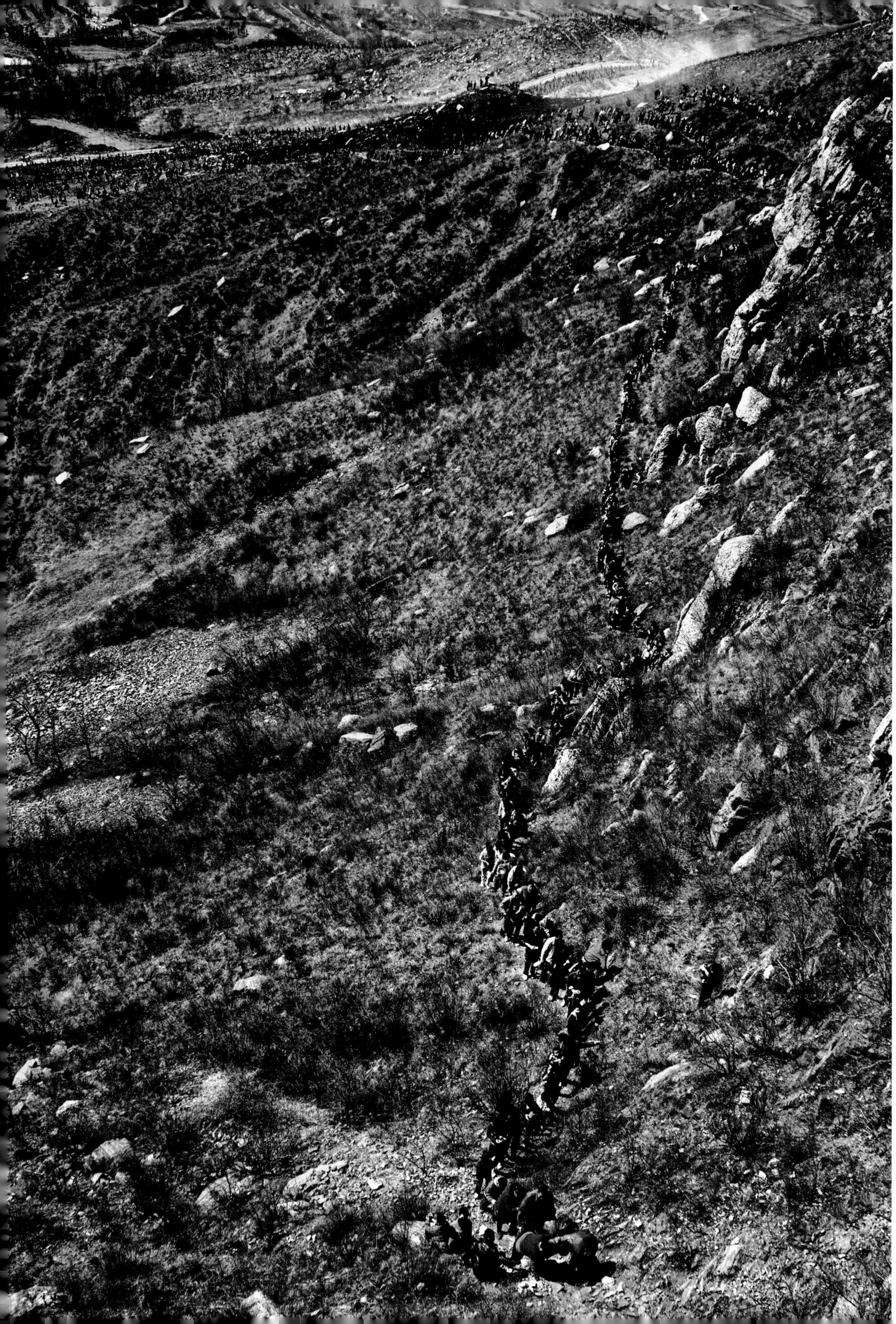

左页图

2012 年　于德水 / 摄影

河南登封，山路上赶会的人们。

右页图

2010 年　阿音 / 摄影

内蒙古东乌珠穆沁旗，冬季牧场。

2015 年　牛红旗 / 摄影

宁夏西海固地区，农人蹲在自家门前崖台上。

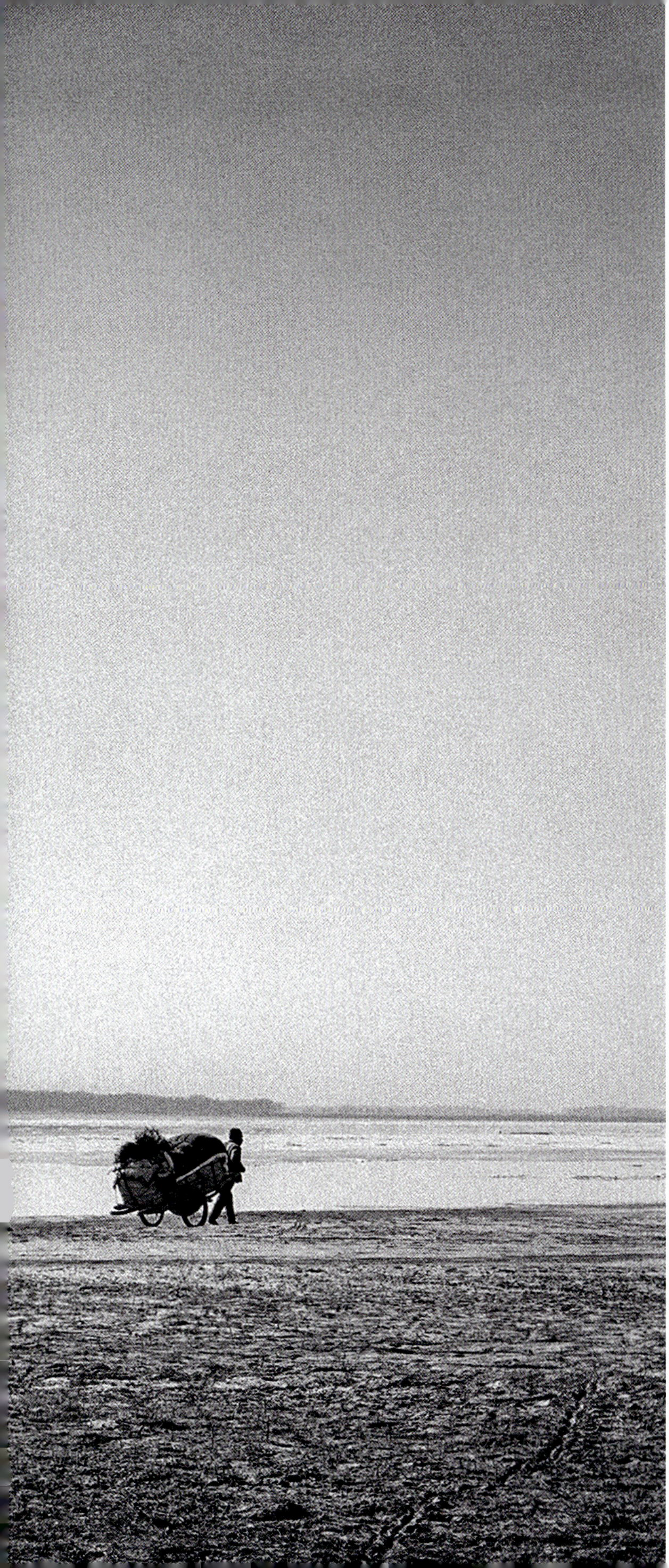

1977 年　朱宪民 / 摄影

山东董口镇，黄河岸边拉煤的地排车。

■ 2015年　牛红旗 / 摄影

宁夏西海固地区，村落景观。

田

率　　时　　农　　夫　　，

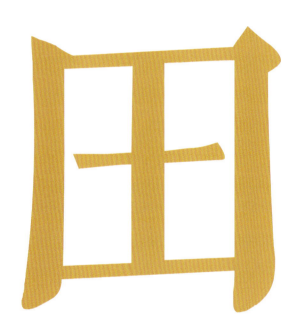

野

播 厥 百 谷 。

——《诗经 · 周颂 · 噫嘻》

■ **1981年　于德水 / 摄影**

河南周口，守望麦田。

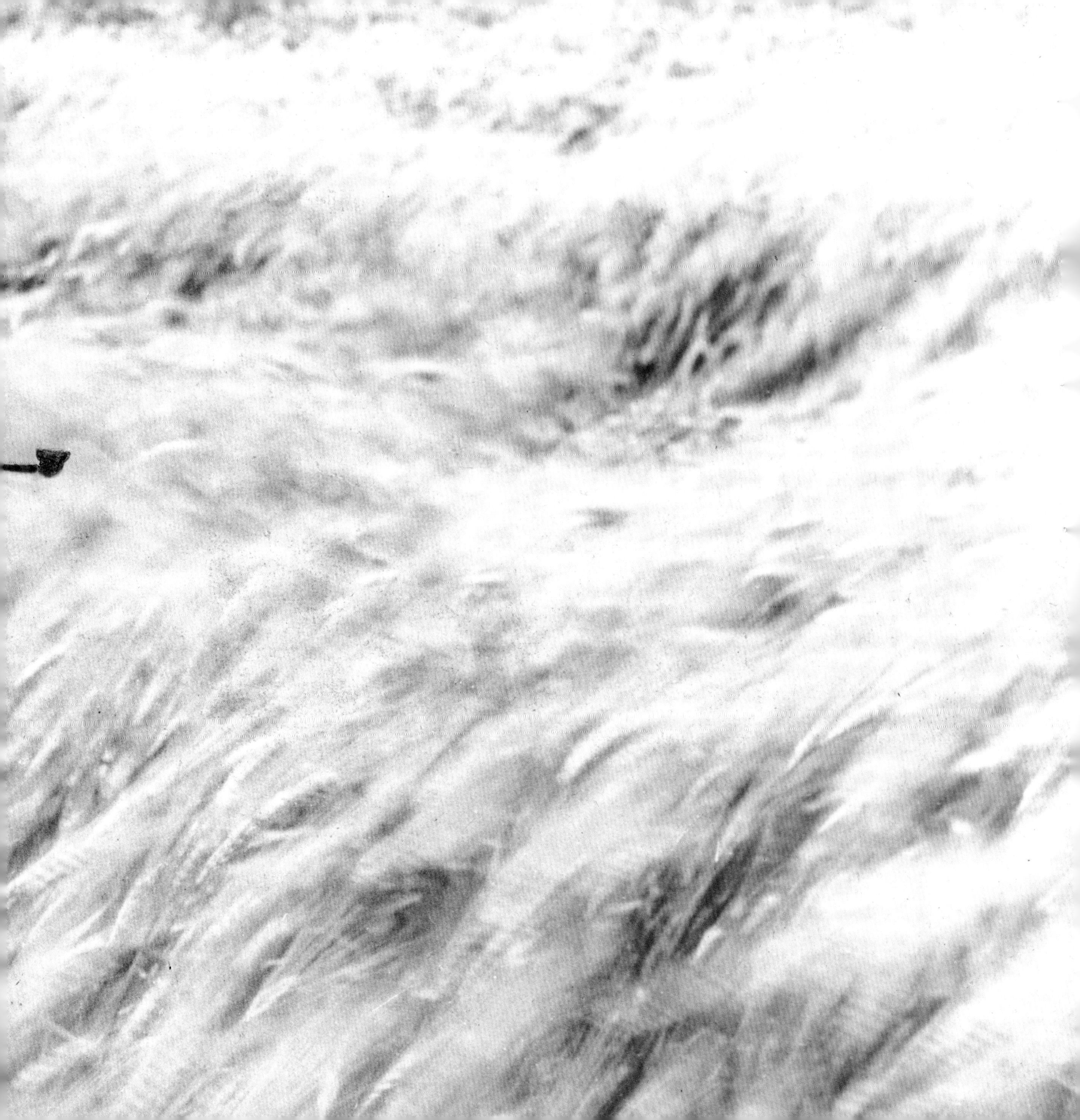

1982 年　李百军 / 摄影

山东沂水，在自家地里干活。

2013 年　于德水 / 摄影

河南淮阳，细雨中收麦的人。

2001年　李樯 / 摄影

陕西定边，杨井乡杨湾村回犁。

1999 年　李百军 / 摄影

山东莒南，化家村泥泞的涝洼地。

2015 年　牛红旗 / 摄影

宁夏西海固地区。

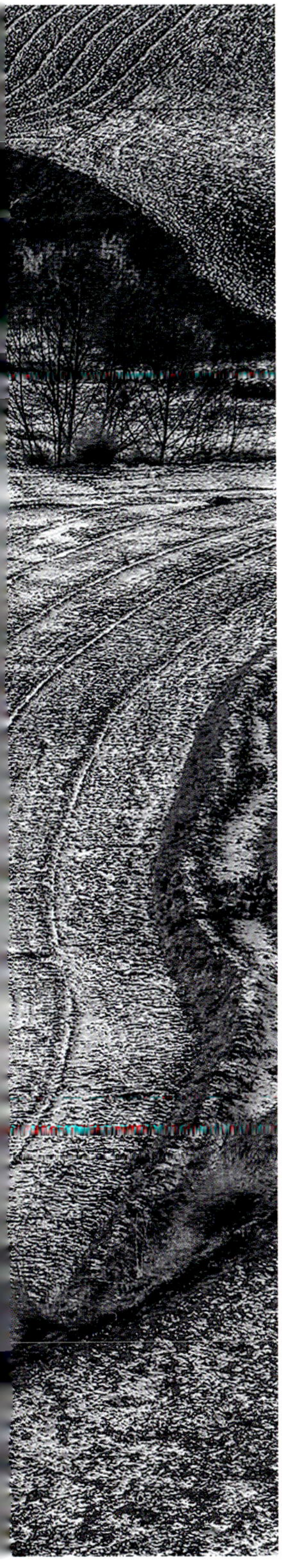

2013 年　苏呷此色 / 摄影

四川凉山布拖，瓦都乡大山里的山寨。

左页图

1988 年　钱捍 / 摄影

山东淄博，峨庄西东峪村农民下地春耕。

右页图

2013 年　苏呷此色 / 摄影

四川凉山布拖，特木里镇村民挖土豆。

耕作

包牺氏没，神农氏作，斫木为耜，揉木为耒，耒耨之利，以教天下。

——《易经·系辞》

篆字

秋木无朱，朱辣夕阳，夕阳天下，夕醉夕发，晓水夕余，怀木无睡。

——《晨登·泰岩》

1988年　翁乃强 / 摄影

海南五指山，黎族农民在插秧。

2018 年 倪国华 / 摄影

安徽歙县，长陔乡谷丰村高山水田。

2006 年　于全兴 / 摄影

甘肃会宁，新添堡乡道口村的马玉梅在雪地前行。

辛劳

谁知盘中餐，粒粒皆辛苦。

——唐·李绅《悯农》

2013 年　张东 / 摄影

四川凉山布拖县四且村，冬季里劳作的母亲。

2013 年　黄利平 / 摄影

山东东营，永安镇西十四村。

2009年 李伟坤/摄影

广西那坡，莫古屯的一位农妇挑着茅草在回家的路上。

1978年 于德水 / 摄影

河南周口，六月，劳作后的小憩。

1997年　侯登科／摄影

陕西关中，在田畴上劳作的麦客。

2006 年　李樯 / 摄影

陕西定边白湾子乡小涧子村，开镰。

1978年　李百军 / 摄影

山东沂水，上古村的公社谷子丰收。

■ 2015 年　倪国华 / 摄影

安徽歙县，大洲源高山夏收。

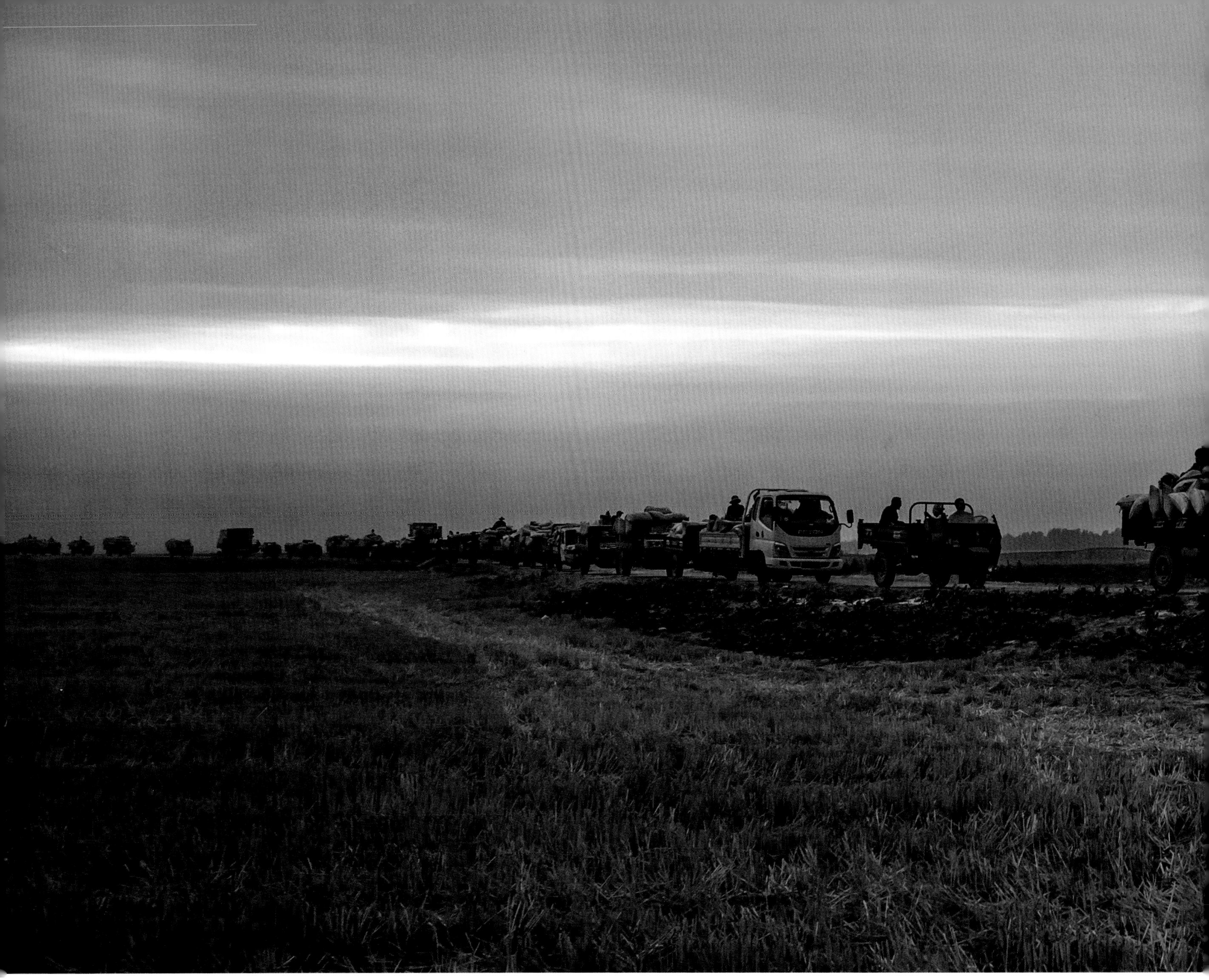

2015 年　赵丙元 / 摄影

山东东明，林口村黄河滩麦收。

1963 年　茹遂初 / 摄影

西藏当雄，牧民在赛马会上表演马技。

牧养

天苍苍，野茫茫，
风吹草低见牛羊。

——北朝民歌《敕勒川》

牧养

风吹草低见牛羊。天苍苍，野茫茫。

——北朝民歌《敕勒川》

2009年　阿音 / 摄影

内蒙古东乌珠穆沁旗，牧民阿拉塔背着腿受伤的小羊。

2017 年　李伟 / 摄影

新疆那拉提草原，哈萨克少年阿依格尔。

1981年　刘世昭 / 摄影

河北青县，兴济镇骡马集市。

2007年　阿音 / 摄影

内蒙古东乌珠穆沁旗，牧民帕拉吉得玛铃站在自己的草场上。

左页图

2001年　姜振庆 / 摄影

辽宁大连，人们争分夺秒竭力挖取蛤蜊。

右页图

2001年　姜振庆 / 摄影

辽宁大连，严冬也挡不了赶海人。

渔歌

遥知未眠月，乡思在渔歌。

——唐·杜荀鹤《送人游吴》

鱼戏

鱼戏莲叶间。

——鲁·郭茂倩《江南人采莲》

1996 年　姜振庆 / 摄影

辽宁大连，浩浩荡荡的赶海队伍涌向滩涂。

2013 年　李好 / 摄影

广东，跪在海边的渔民。

黄一鸣 / 摄影

海南三亚，渔码头一位年轻渔民拖着两条巨大的箭旗鱼。

2014 年　李好 / 摄影

广东，准备扛鱼上岸的渔民。

2014 年　李颀拯 / 摄影

太平洋公海，远洋捕鱼的渔船。

2012 年　李颀拯 / 摄影

太平洋公海，搏击风浪的渔民。

故

露从今夜白，

乡

月　　是　　故　　乡　　明。

——《诗经·周颂·噫嘻》

■ 2019年　倪国华 / 摄影

安徽休宁蓝田镇秋川村，土地经络。

2017 年　倪国华 / 摄影

安徽歙县，鸡公尖摘柿子的妇女。

1980 年　李百军 / 摄影

山东沂水，下古村赶集休息的农民。

家园

五亩园连竹，三间屋向阳。
气和春浩荡，心静日舒长。
花鸟成相识，琴书付两忘。
陶然一尊酒，谁复记羲皇。

——宋·周昂《家园》

家园

幽然一尊酒，翛夏乐羲皇。
药苗亲旧采，琴书午两忘。
儿味春荠熟，少辍日输米。
在宙园林子，三间屋向田。

——宋·周昂《家园》

左页图

1982 年　李樯 / 摄影

陕西靖边，梁镇墙头的杏花。

右页图

1981 年　王玉文 / 摄影

辽宁新宾，人们在树洞中等车。

2020 年　倪国华 / 摄影

江西婺源，庆源村梨园春分。

2015 年　牛红旗 / 摄影

宁夏西海固地区，铁锨是农民的“家当”。

1992 年　李百军 / 摄影

山东沂源，桃花坪，骑车赶集。

2002年　黑明 / 摄影

陕西延安新窑子村，在小路上玩耍的孩童。

2013 年　赵丙元 / 摄影

河南长垣，东旧城村，黄河坝头三月三祭黄河。

2011年　牛红旗 / 摄影

宁夏西海固地区，张望。

2003年 田立 / 摄影

河北抚宁，城子峪村村民张鹤珊与妻子在祖坟地燃纸上香。

祭祀

慎终追远，民德归厚矣。

——《论语·学而》

祭外

真柔弱矣，别德已丧矣。

——《论语·学而》

2001年 田立/摄影

河北抚宁，城子峪村村民祭拜祖先筑城的伟绩。

■ **2013 年 吴宗其 / 摄影**

浙江淳安，祭祖仪式。

2001年 田立 / 摄影

安徽祁门，闪里镇桃源村宗亲祭祖。

公輔宋官建陽教邦國之文人
堂

■ 1989年　吴宗其 / 摄影

浙江淳安，祭祖。

2018 年　汪琳 / 摄影

安徽祁门，闪里镇桃源村村民舞龙敬祖。

2018 年　汪琳 / 摄影

安徽祁门，闪里镇桃源村族老从叙五祠接祖宗神位登阁祭拜。

2000 年　李樯 / 摄影

陕西定边，贺圈镇墓地。

归根

相逢一尊酒，共结两乡愁。

——唐·张登《冬至夜郡斋宴别前华阴卢主簿》

聊斟一尊酒，共话民之愁。

——书·宋登《冬至爱姑桥老宴假前辛民右主席》

1998 年　吴宗其 / 摄影

浙江淳安，离家 40 年的台湾同胞回到家乡。

1985 年　于德水 / 摄影

河南孟津，送葬的人们。

2010 年　陶德斌 / 摄影

湖北丹江口，六里坪孙家湾村的
一位外迁移民去墓地烧纸。

2009年 张东/摄影

四川凉山布拖，特木里镇德机村的阿都彝人传统火葬。

1985 年 李樯 / 摄影

陕西定边，罗茆村村民立碑。

2000 年 黄利平 / 摄影

山东东营，盐窝乡黄村田地边送葬的人。

2010年 陶德斌 / 摄影

湖北郧县，柳陂镇韩家洲村母子泪别老屋。

迁徙

不忍登高临远，
望故乡渺邈，
归思难收。

——宋·柳永《八声甘州》

忘

我

不忍登高临远，
望故乡渺邈，
归思难收。

——宋·柳永《八声甘州》

晋永权／摄影

湖北秭归，泄滩镇柳树湾『清库』。

有情知望乡，
谁能鬒不变？

——南北朝 · 谢朓《晚登三山还望京邑》

右页上图

2009 年 陶德斌 / 摄影

湖北丹江口，习家店镇艾河村库区的一位老移民上船后挥别亲友。

右页下左图

2010 年 陶德斌 / 摄影

湖北郧县，柳陂镇韩家洲村的移民将龙船会的青龙头带往随州移民安置地。

右页下右图

2000 年 晋永权 / 摄影

上海崇明岛。

2000 年　晋永权 / 摄影

长江巫峡“江渝九号”移民船上，一位中年男子回望故乡。

2008 年 陈文 / 摄影

湖北巴东，官渡口镇的一名青年在峡江客轮甲板上跳起来回望蓄水后的长江三峡。

2009 年 **陶德斌 / 摄影**

湖北丹江口，习家店镇封沟村库区装满家具的移民船只行驶在丹江口库区。

2014 年 王小红 / 摄影

浙江新昌，俞绍海老人与妻子许喜凤把父母的遗像摘下来，准备搬家。

2015 年 冯文宝 / 摄影

宁夏同心，马雅彤、马雅兰姐妹在土窑窗前。

2018 年 冯文宝 / 摄影

宁夏同心，马雅彤、马雅兰全家搬进了政府资助建成的新房。

子在川上曰：逝者如斯夫！

——《论语·子罕》

岁月卷

解放·改革·梦想

1984年 安哥 / 摄影

广东珠海，花农每天清晨乘船去澳门卖花。

五星红旗迎风飘扬，
胜利歌声多么响亮！
歌唱我们亲爱的祖国，
从今走向繁荣富强！

——王莘《歌唱祖国》

解

敢　　教　　日　　月

律

放

换　新　天。

——毛泽东

■ 1988年 焦波/攝影

山東淄博，秋後整治家園大會戰

■ 1965年 晓庄／摄影

江苏海安，瓦甸公社周垛生产队社员迎着朝霞集体去农田劳动。

■ 1951年　茹遂初 / 摄影

青海民和，磨沟村回族雇农冶金财在土改中分得水地二亩五分，喜看颁发的土地证。

翻身

对于中国几亿无地和少地的农民来说，这意味着站起来，打碎地主的枷锁，获得土地、牲畜、农具和房屋。但它的意义远不止于此。它还意味着破除迷信，学习科学；意味着扫除文盲，读书识字；意味着不再把妇女视为男人的财产，而建立男女平等关系；意味着废除委派村吏，代之以选举产生的乡村政权机构。总之，它意味着进入一个新世界。

——韩丁：《翻身——中国一个村庄的革命纪实》

■ 1951年　茹遂初 / 摄影

青海民和，川口区磨沟村回族雇农冶金财在土改中分得了土地、牲畜和农具。

■ 1951年　茹遂初 / 摄影

青海民和，川口区王家户村的农民在已分好的土地上插地标。

■ 1952年　茹遂初 / 摄影

青海湟中，上五庄的一个变工队在播种。

■ 1965 年　晓庄 / 摄影

江苏海安，平等公社卫生员钱俊芳田头巡诊。

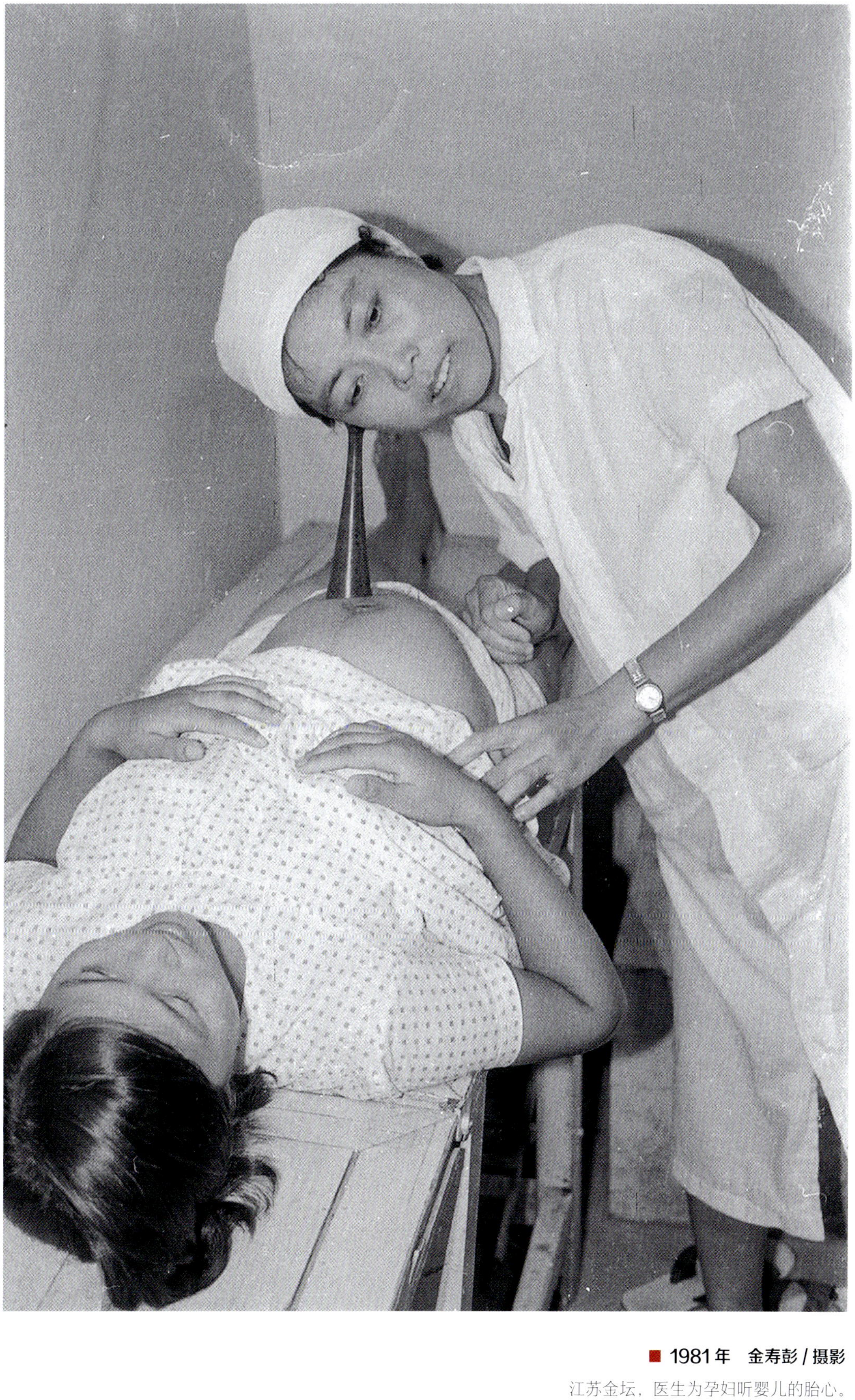

■ 1981年 金寿彭 / 摄影

江苏金坛，医生为孕妇听婴儿的胎心。

1964 年 晓庄 / 摄影

江苏江都，小纪公社女电犁手张红芳。

1964年　晓庄 / 摄影

江苏江都，武坚公社汤根女被评为“五好社员插秧能手”。

■ 1956 年　王世龙 / 摄影

河南新乡，田间休息的妇女。

■ 1954 年　晓庄 / 摄影
江苏南京，香铺营街道为居民扫盲。

■ **1958年　王世龙／摄影**

河南新乡，一对干部的结婚照。

■ 1956 年　王世龙 / 摄影

河南新乡，八里营一对青年的结婚照。

■ 1960 年　魏德忠 / 摄影

河南林县，丰收场上。

合作

樱桃好吃树难栽
不下苦功花不开
幸福不会从天降
社会主义等不来
莫说我们的家乡苦
夜明宝珠土里埋
只要汗水勤灌溉
幸福的花儿遍地开

——马烽《我们村里的年轻人》

合作

幸福的生活从哪来
只要人人献出爱
幸福不是天上掉下来
莫说我们的家乡苦
社会主义等不来
幸福不会从天降
不下苦也苦不开
只靠双手勤劳来

——选载《我们村里的年轻人》

■ 1976年　李百军 / 摄影

山东沂水，公社社员采石建水库大坝。

1975 年　周振华 / 摄影

河南辉县，为“改造山河，拔掉穷根，彻底摆脱贫困面貌”进行的大规模治山治水农田基本建设。

左页图

■ **1958 年　茹遂初 / 摄影**

甘肃九甸峡地区，引洮上山工程。

右页图

■ **1975 年　周振华 / 摄影**

河南辉县，城关公社组织 5000 名群众历时 100 天在五里河村南开挖一条深 28 米、长 450 米的截潜流工程。

■ 1961年 魏德忠/摄影

河南林县，红旗渠民工凌空除险。

■ 1960年　魏德忠／摄影

河南林县，千军万马上人行修筑红旗渠。

左页图

■ 1961 年　魏德忠 / 摄影

河南林县，悬崖打炮。

右页图

■ 1960 年　魏德忠 / 摄影

河南林县，人工修水渠。

改

改　　革　　就　　是

五

革

解放生产力。

——邓小平

■ 1980年 汪强/摄影

安徽凤阳，小岗村村民严宏昌家用借来的手扶拖拉机运回收获的粮食。

■ **1980 年　汪强 / 摄影**

安徽凤阳，小岗村村民严宏昌（左）领头与小岗生产队农民开展分田到户的联产承包责任制。

■ **1977 年　翁乃强 / 摄影**

北京，恢复高考。

青年们要充分认识自
己所负的重任·祖国在
期待你们·人民在期待
你们·革命在期待你们。

■ 1977年　翁乃强 / 摄影

北京，五中参加高考的学生。

■ 1979 年　任曙林 / 摄影

北京，高考的学子。

1980 年　任曙林 / 摄影

北京，第七十五中学考场。

■ **1998 年　汪强 / 摄影**

安徽凤阳，14 位参加分田到户的小岗村农民，在即将拆除的茅草屋前合影留念。

■ 1979 年　汪强 / 摄影

安徽凤阳，小岗村生产队村民的住宅。

■ **1981年　汪强 / 摄影**

安徽凤阳，小岗村村民严宏昌全家在自家茅草屋前留影。

承包

我们的未来
在希望的田野上
人们在明媚的阳光下生活
生活在人们的劳动中变样

——陈晓光《在希望的田野上》

承

白

——赫尔曼·黑塞《在希望的田野上》

生活在人们的成长中变样

人们在明暗的阳光下生活

在希望的田野上

我们的未来

■ 1982年 汪强 / 摄影

安徽凤阳，解决温饱、连年丰收的小岗村农民踊跃向国家交售公粮。

1988 年　汪强 / 摄影

安徽凤阳，小岗村迎来了第 10 个丰收年。

■ 1984 年　朱宪民 / 摄影

陕西，乡村过节的人们。

■ 1985年 徐晋燕 / 摄影

云南大理，挖色镇集市。

■ 1990 年 钱捍 / 摄影

山东淄博，峨庄农民赶年集。

■ 1987 年 钱捍 / 摄影

山东淄博峨庄，在一集市上举办摄影展，老农在照片中看到了自己的形象。

■ **1995 年 邓维 / 摄影**

山西保德，去集市卖梨。

■ 1989年 张兆增 / 摄影

北京大钟寺蔬菜批发市场，是我国第一家农民自办的大型蔬菜批发市场。

■ 2005年 王玉文 / 摄影

辽宁桓仁，年货市场。

■ 1993年 于文国/摄影

安徽阜阳，已经在阜阳火车站露天广场上排队一天一夜的安徽农民正在等候乘坐农民工专列，去往上海打工。

■ 1994 年 王福春 / 摄影

黑龙江哈尔滨，火车站里拥挤的人潮。

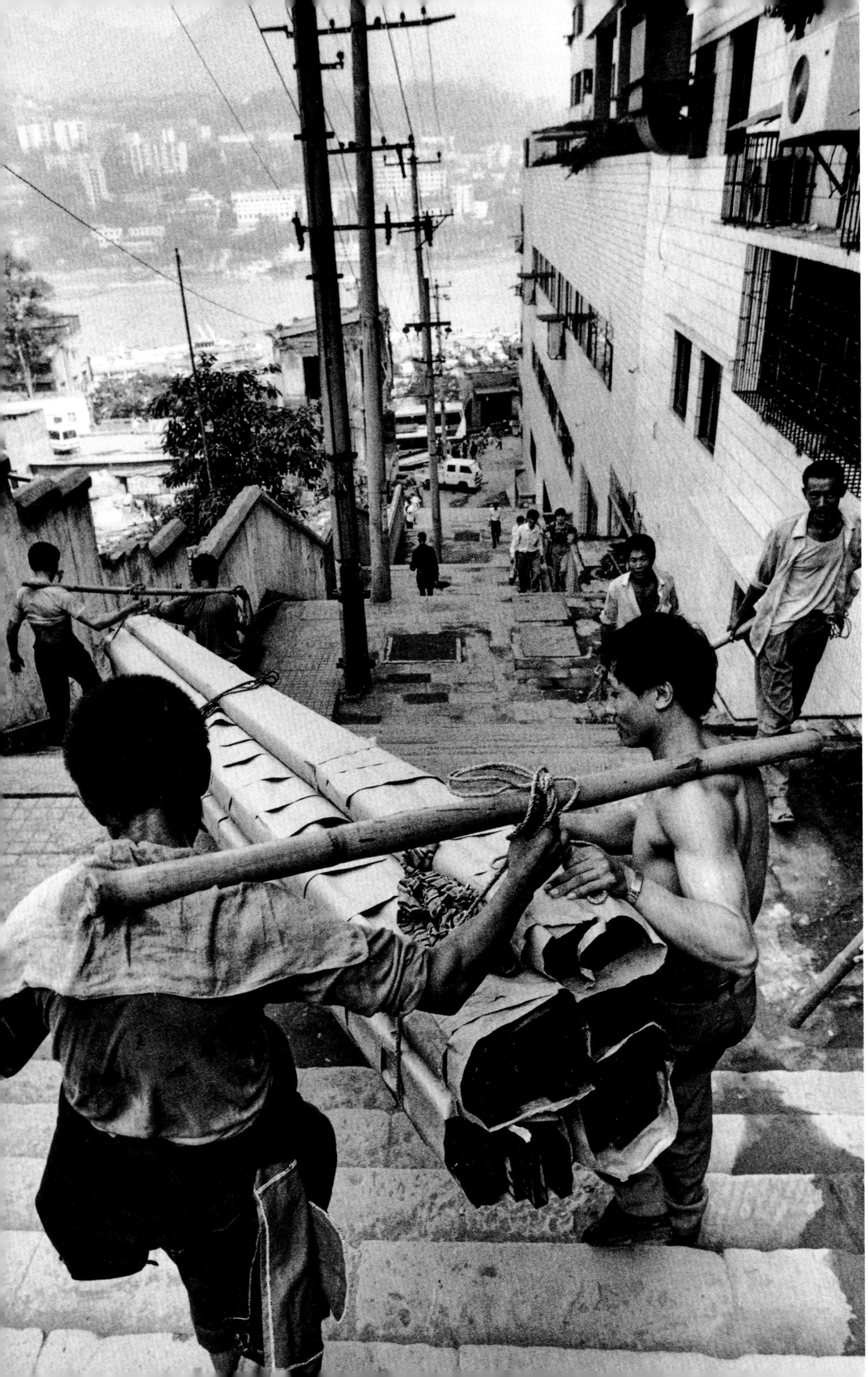

■ 1995年 张新民／摄影

重庆，搬运工在长江码头的陡坡上搬运货物。

■ 1997年 张新民/摄影

广东深圳，来自湖南桑植农村的高楼洗墙工钟家财。

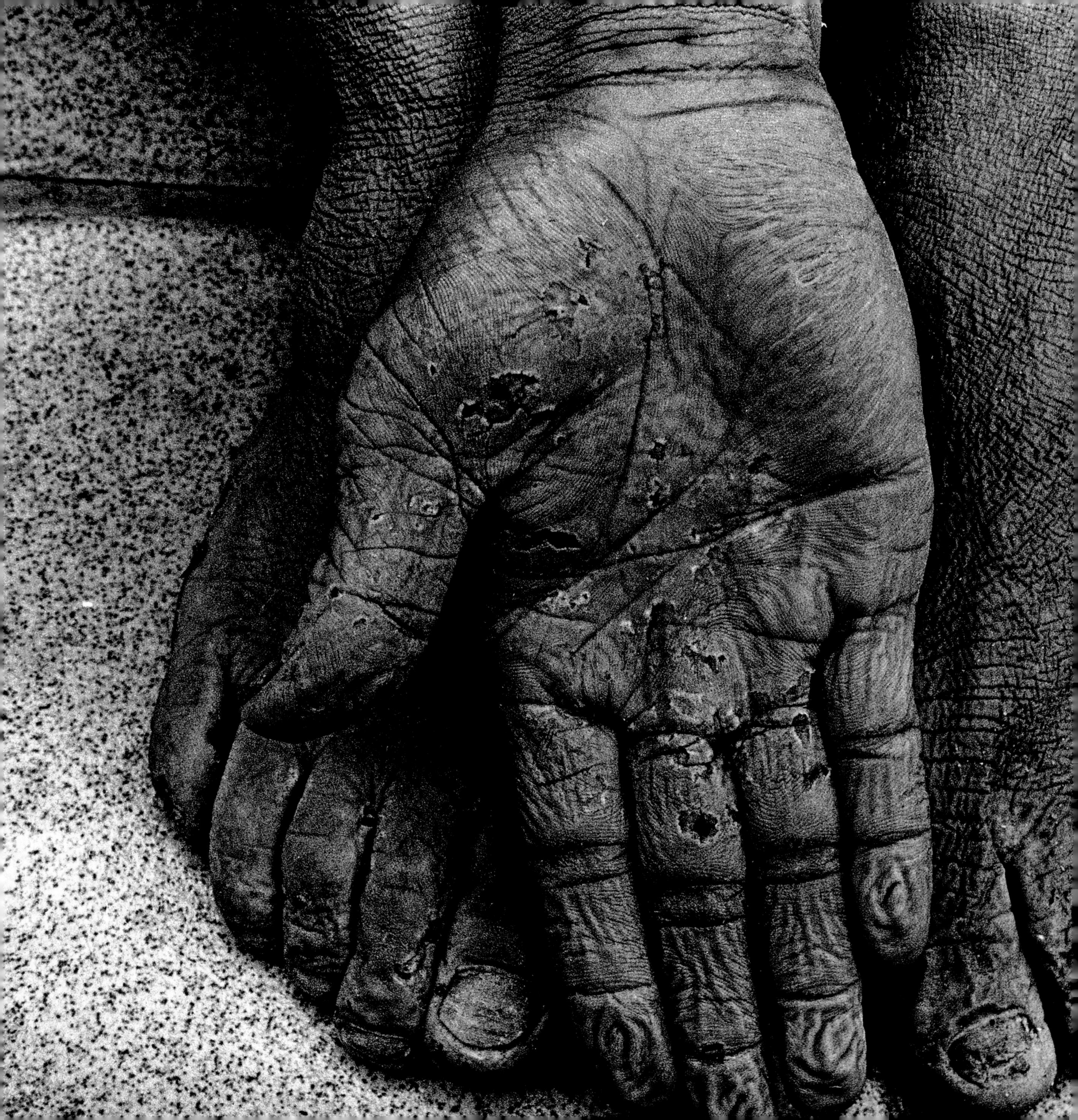

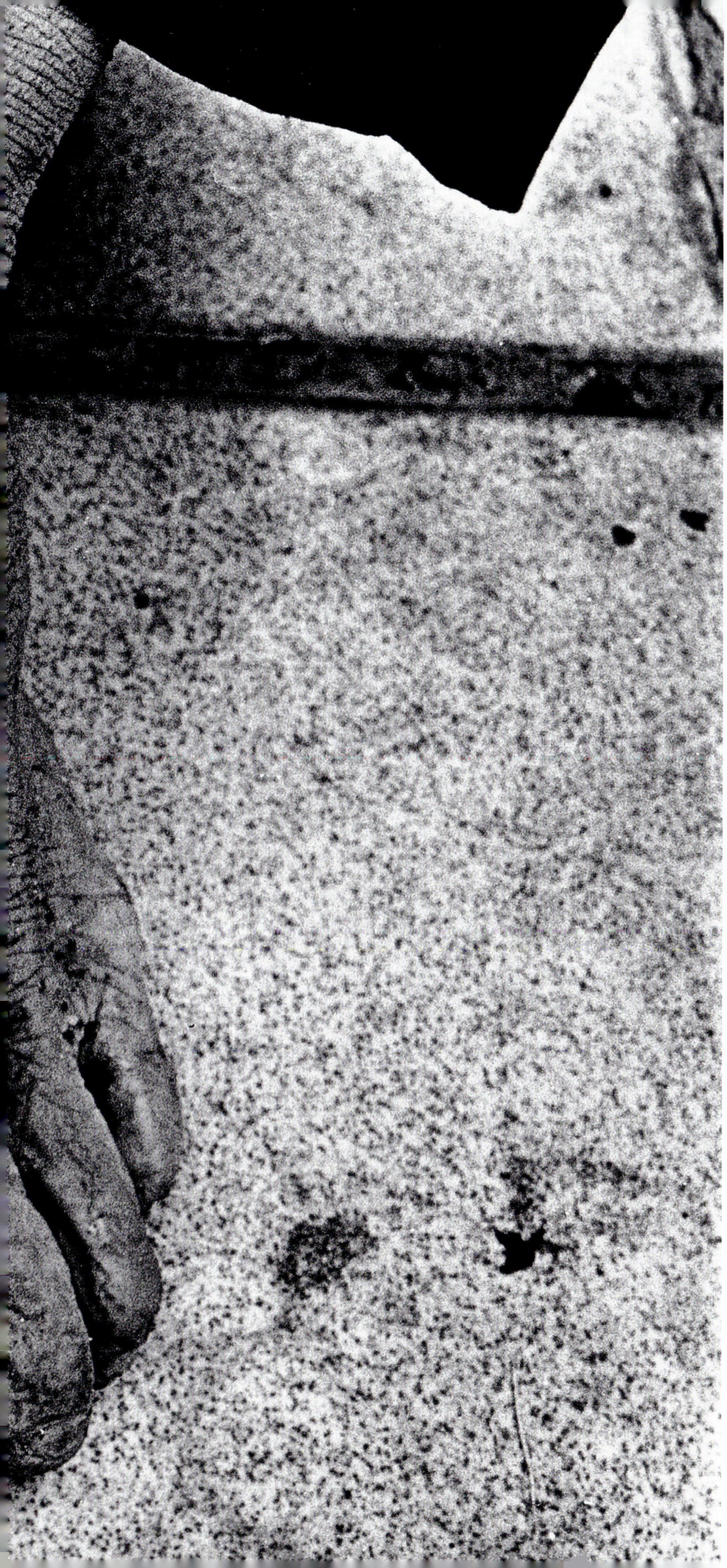

■ **1977 年 张新民 / 摄影**

广东深圳，洗墙工钟家财的手和脚。

■ **1996 年 张新民 / 摄影**

广东深圳，人们临时拍摄证件照以应求职之需。

■ 1994 年 张新民 / 摄影

广东深圳，外来工的孩子在闹市卖纸巾和香烟。

■ 1995年 吴正中／摄影

山东青岛，四个推着独轮车走街串巷收废品的老乡。

■ 1997年 吴正中 / 摄影

山东青岛肥城路，小买卖人。

■ **1988 年 叶健强 / 摄影**

广东官窑镇，一群南下打工妹进了工厂。

■ 1992年 黄一鸣/摄影

海南海口，新公司招聘处。

■ 1988年 黄一鸣/摄影

海南海口，因交通不便，人们进城大多靠三轮车代步，给城区的交通造成混乱。

■ 1993年 黄一鸣 / 摄影

海南省海口市，东湖人才市场。

■ 1995年 安哥/摄影

广东广州，搬屋工人在宿舍看电视。

■ **1991年 解海龙／摄影**

河北滦平，希望工程救助的第一批孩子在金山岭长城脚下憧憬未来。

梦

中国梦是中国人民追求幸福的梦，

砖

想

也同各国人民的美好梦想息息相通。

——习近平

2001年 于全兴 / 摄影

云南丘北，官寨乡山心村的顾彩莲和她的孩子们。

2005 年 于全兴 / 摄影

云南丘北，官寨乡山心村的顾彩莲和她的孩子们。

1994年　袁东平 / 摄影

贵州罗甸，董王乡。周大刚抱着他的儿子，儿子的腿受伤了，腿上糊着的是草药。

■ **1995年 袁东平 / 摄影**

云南西盟，当地稍微大一点的孩子都要照顾弟弟妹妹。

■ **1994 年 袁东平 / 摄影**

广西凌云，伶站乡韦成良的妻子和孩子。

■ 1995 年 袁东平 / 摄影

四川越西，在村头的母亲和孩子们。

■ **1995 年 袁东平 / 摄影**

四川越西，申果庄的一对
夫妇和他们的儿子。

■ 2005年 于全兴/摄影

青海互助，松多乡什八洞沟村的东尕妞。

希望工程是由共青团中央、中国青少年发展基金会于 1989 年发起的以救助贫困地区失学少年儿童为目的的一项公益事业。

其宗旨是建设希望小学，资助贫困地区失学儿童重返校园，改善农村办学条件。援建，改变了一大批失学儿童的命运，改善了贫困地区的办学条件，唤起了全社会的重教意识，促进了基础教育的发展；弘扬了扶贫济困、助人为乐的优良传统，推动了社会主义精神文明建设。

截至 2019 年，全国希望工程累计接受捐款 161 亿元，资助家庭困难学生 617.02 万名，援建希望小学 20,359 所。

希望工程

■ **1992 年 解海龙 / 摄影**

山西静乐，尽管条件艰苦，孩子们仍坚持上课。

■ 1993 年 解海龙 / 摄影

贵州水城，布依族的孩子失学率很高。

■ 1991年 解海龙 / 摄影

安徽金寨，三合乡中心小学学生苏明娟。

■ 1992年 解海龙／摄影

山西静乐，神峪沟乡南岩头村学校的全校师生。

■ **1992 年 解海龙 / 摄影**

四川望苍，石板搭成的大两乡向阳小学。

■ 1993 年 解海龙 / 摄影

河北阜平，连家沟小学孩子们的音乐课。

■ 1991年 解海龙 / 摄影

河北完县，杨家台小学的孩子们结束了一天的学习。

■ 2006 年 解海龙 / 摄影

四川凉山布拖，乌依乡新建学校后，全村不同年龄的孩子都从一年级课程学起。

“移民搬迁安置”是指通过政府组织和引导，将生活在生存条件恶劣地区的贫困人口有计划地搬迁到自然条件相对较好的安置点，通过后续帮扶实现脱贫。

易地扶贫搬迁是破解生存条件恶劣地区贫困人口的生存与发展难题的重要举措，是精准扶贫的方式之一。

移民搬迁
精准扶贫

■ 2016 年 陈杰 / 摄影

四川凉山，“悬崖村”扶贫易地搬迁，3 名家长 15 个孩子要攀爬 17 条藤梯，才能抵达比山下学校垂直高度超过 800 多米的阿土列尔村。

■ 2016 年 11 月 19 日 陈杰 / 摄影

四川凉山，“悬崖村”扶贫易地搬迁，孩子们现在攀爬的铁梯倾斜度在 60 度左右，行走方便也相对安全。

■ **2016 年 陈杰 / 摄影**

四川凉山，“悬崖村”扶贫易地搬迁，特土社，吉克比古和妻子地木子阿木站在被崩塌的山体巨石砸坏的屋子前。

■ 2020 年 陈杰 / 摄影

四川凉山，“悬崖村”扶贫易地搬迁，吉克比古和妻子地木子阿木，与孙子们汇聚在昭觉县城的新家。

2020 年 陈杰 / 摄影

四川凉山，阿土勒尔村的两个组——勒尔组（右）和特土组（左）。

■ **2012 年 王鼎 / 摄影**

宁夏西吉，张家洼村村民搬迁前夕。

■ 2011年 王鼎 / 摄影

宁夏西吉，山坳里的张家洼村。

■ **2020 年 王鼎 / 摄影**

宁夏贺兰，政府为移民群众购买了奶牛。

■ 2020 年 王鼎 / 摄影

宁夏贺兰，欣荣村移民在大棚里为辣椒施肥。

■ 2020年 陈杰 / 摄影

四川凉山，『悬崖村』84户精准扶贫户搬迁到县城易地扶贫县城集中安置点。

在中国的贫困人口中，有一个特殊的社会群体——贫困母亲。她们中不少人还生活在极度的贫困状态，口粮不足、缺乏收入来源，更享受不到文化教育、卫生保健等基本社会福利。为了家庭，为了孩子，她们默默地承受着一切困苦和劳累。她们作出的牺牲更多，付出的代价更高，承受的压力更大，在贫困人口中，贫困母亲的生活境遇最为艰辛。

“幸福工程——救助贫困母亲行动”，由中国人口福利基金会与中国计划生育协会、中国人口报社于 1995 年共同创立实施。该项目主要以贫困地区计划生育家庭的贫困母亲为救助对象，围绕“治穷、治愚、治病”，采取“小额资助、直接到人、滚动运作、劳动脱贫”的救助模式，帮助她们发展家庭经济，脱贫致富。

截至 2020 年 5 月，幸福工程已在全国 29 个省（区、市）的 829 个县（市、区）开展过项目救助，累计投入资金 18.36 亿元，救助贫困母亲 34.24 万人，惠及人口 146.46 万，脱贫率 85%，还款率 90% 以上。贫困母亲通过幸福工程项目勤劳致富，许多人成为当地脱贫致富的带头人，有的当上了村干部，有的被选为先进模范、人大代表。全国涌现出一大批致富能手和企业带头人。

幸福工程

救助贫困母亲行动

■ 2008年 于全兴/摄影

四川凉山布拖，日沙么尔则捡柴火。

■ 2019年 于全兴 / 摄影

四川凉山布拖，且沙么尔则已脱贫。

■ **2008年 于全兴 / 摄影**

四川凉山布拖，基只乡老古村的阿吾么小李抱着她的孩子。

2011年 于全兴／摄影

四川凉山布拖，基只乡老古村的阿吾么小李养起了牛。

■ **2007 年 于全兴 / 摄影**

宁夏海原，九彩乡黑林村村民柯兰在耕地。

■ **2009 年 于全兴 / 摄影**

云南丽江，古城区金安乡增明村村民杨姗姗靠种植玉米为生。

■ 2019年 于全兴 / 摄影

云南丽江，古城区金安乡增明村村民杨姗姗受助致富。

■ **2011年 于全兴 / 摄影**

四川凉山布拖，基只乡老古村受助母亲群像。

■ **2017 年 曹晓东 / 摄影**

安徽黄山，灵山村吃西瓜接力比赛。

■ 2017 年 汪强 / 摄影

安徽凤阳，小岗村 4300 亩流转土地实行科学化管理，规模化机械化耕种，粮食连年丰收。

■ 2010年 巴义尔/摄影

内蒙古，草原孩子的玩具。

■ **2017 年 司建平 / 摄影**

河北武安，活水乡贺家村学生王会英高考成绩 527 分。

■ 2016年 陈建贞 / 摄影

西藏索县，近1000名孩子接受免费的眼健康检查。

■ **2019 年　沈建国 / 摄影**

浙江慈溪龙山镇，出生于 1994 年，毕业于浙江海洋大学的胡峥，经营峥兴家庭农场。

■ 2019 年 沈建国 / 摄影

浙江慈溪坎墩街道，陈速超，1986 年出生，浙江财经大学毕业，创办半岛玫瑰花园农场，通过电商进行销售，年销售额 300 多万元。

■ **2017 年 张兰英 / 摄影**

河北尚义，村民们晒着太阳聊家常。

■ **2017 年 赵占南 / 摄影**

河北张北，玉狗梁驻村第一书记卢文震带领村民健身。

■ 2017 年　赵占南 / 摄影

河北张北，玉狗梁村村民做瑜伽操。

2011年 赵娟 / 摄影

安徽滁州，喜采丰收菊。

民惟邦本
本固邦宁

——《尚书·五子之歌》

人民卷

生活

•

生存

•

生命

■ 1998 年 于德水 / 摄影

河南兰考。

生

一　箪　食　，　一　瓢　饮　，　在　陋　巷　，

活

人　不　堪　其　忧，　回　也　不　改　其　乐　。

——孔子《论语·雍也》

■ **1999 年 吴正中 / 摄影**

山东青岛，宁阳路 11 号，老院里的一位女士在点燃蜂窝煤炉子。

津旅館

1998年 吴正中 / 摄影

山东青岛，李村支路，居民在街道中玩耍。

■ 1956 年 王世龙 / 摄影
河南新乡，丰收后的喜悦。

■ **1956 年 茹遂初 / 摄影**

新疆天山牧区，前进牧业社社员柯乃娃勒哈汗（右）和沙哈其艾木勒。

■ 2012年 于全兴 / 摄影

云南沧源，勐来乡班列村的九叶嘎。

■ 1994 年 侯登科 / 摄影

陕西，三个陕南麦客在关中麦田里。

右页图

■ 1983年 吴家林 / 摄影

云南西盟，佤族男孩。

左页图

■ 1983年 李樯 / 摄影

陕西定边，樊学乡集市上的农人。

2000 年 闫新法 / 摄影

河南郑州，农工们在休息间歇于石雕照壁前的合影。

■ 2013年 苏呷此色 / 摄影

四川凉山布拖，觉撒乡头戴传统头饰“哈帕”的女子。

■ **2013 年 张鉴来 / 摄影**

广东中山，南朗镇崖口村的农民兄弟。

■ 2005年 李伟坤/摄影

陕西陇县，黄花峪村一老者正在抽旱烟。

■ 2013年 孙京涛 / 摄影

山东莱阳，姜疃镇东石水头村村民孙月海。

■ 1979年 李百军 / 摄影

山东沂水，武家洼的社员坐着拖拉机去赶集。

1994年 姜健／摄影

河南鹿邑，枣集双庙村，袁素华和她的小弟弟。

■ 1993年 姜健／摄影

河南辉县，老人坐在堂前。

1992 年 王福春 / 摄影
广州至上海的火车上。

1984 年 李樯 / 摄影

陕西定边，白湾子乡李崾岘村村民碾米。

1982年 焦波/摄影

山东淄博，峨庄村的一户人家围着石磨吃午饭。

■ 2004年 王玉文/摄影

辽宁新宾，村民杀年猪。

■ 1980年 朱宪民 / 摄影

河南，民以食为天。

■ 1987 年 吴家林 / 摄影

云南盈江，山村少年。

■ 1989年 李百军/摄影

山东苍山，上岭村的乡村厨师做婚宴。

■ **1981年 李百军 / 摄影**

山东沂水，地锅子上吃豆沫。

■ 2000年 黑明 / 摄影

陕西延安，新窑子村贺志强和妈妈在地头吃饭。

左页图

■ 1986 年 姜健 / 摄影

河南辉县。

右页图

■ 2003 年 姜健 / 摄影

河南焦作。

1990年 姜健 / 摄

河南原阳。

2003年 姜健/摄影
河南陕县。

■ **1998 年 吴正中 / 摄影**

山东青岛，胶东路 9 号。

■ **1997 年 吴正中 / 摄影**

山东青岛，胶东路 16 号院门前。

■ 1994 年 陈锦 / 摄影

四川泸州，会友。

■ 2011年 叶健强 / 摄影

广东广州，“洗街啰”，街坊齐动手打扫街道。

■ 1993 年 吴正中 / 摄影

山东青岛，胶州路 116 号积厚里。

生

天 生 烝 民 ， 有 物 有 则 。

训

存

民　之　秉　彝　，　好　是　懿　德　。

——《诗经 · 大雅 · 烝民》

■ **2020年 倪国华 / 摄影**

安徽休宁，五城镇里塔村老石桥。

■ 1999 年 黄利平 / 摄影

山东东营，下镇乡四合村。

■ **1984 年 王文澜 / 摄影**

北京，马车、自行车、摩托车、拖拉机、小轿车和步行的人，各种出行方式汇聚。

■ 1992年 侯登科 / 摄影

陕西，麦客扒车赶场，宝天铁路林家村区段。

左页图

■ 1994 年 杨麾 / 摄影

四川南充，嘉陵江退潮后，乘客携手踩着木条上岸。

右页图

■ 1985 年 王文澜 / 摄影

贵州锦屏，山区的交通不便使长途汽车成为广大农民首选的出行方式。

■ **1990 年 安哥 / 摄影**

广西大新，押运货物的妇女。

■ 1993年 刘世昭/摄影

江苏苏州，太湖上捕银鱼的渔民。

■ **1995年 王福春／摄影**

武汉至长沙的火车上。

■ `1998 年 王福春 / 摄影

内蒙通辽，火车窗外。

■ 1992年 杨魔 / 摄影
四川南充马市铺段，梅雨季节，扩建中的国道212线上的行人和车辆。

■ 1998年 吴家林 / 摄影

云南昆明，一架飞机从骡车、汽车上空掠过。

■ **1982年 汪强 / 摄影**

安徽凤阳，连年丰收的小岗村村民在村口打谷场举行拔河比赛，欢度春节。

■ 1982 年 吴宗其 / 摄影

浙江淳安，孩子们用门板搭成的台案打乒乓球。

■ 1998 年 于德水 / 摄影

河南巩义，荡秋千。

■ 1994年 吴正中/摄影

山东青岛，第一海水浴场。

■ 1996 年 朱宪民 / 摄影

山西，古戏台。

■ 2001年 陈锦 / 摄影

四川富顺县，不倒的麻将。

■ 1996 年 张新民 / 摄影

广东深圳，看罢世界杯。

■ 1986 年 吴宗其 / 摄影

浙江淳安，捕捞队的小伙子在船上摆上几局，弹上一曲。

■ **1980 年 王悦 / 摄影**

山西左云上张家坟村，村里有了第一台电视机。

1990 年 陈锦 / 摄影

四川成都，文殊院，掏耳朵。

■ **1987年 吴正中／摄影**

山东青岛，中山公园，老人与花。

■ 1988年 叶健强／摄影

广东广州，珠江边一道『平民风景线』

■ **2015 年 邓海 / 摄影**

陕西礼泉，夕阳下的皮影。

■ 1996年 焦波／摄影

山东淄博，水盆破了，让锢露匠锔起来再用。

■ 1986 年 焦波 / 摄影

山东淄博，开始变富裕的村民在家里演唱家乡戏。

■ 1987 年 焦波 / 摄影

山东淄博，三秋会战的庆功锣鼓队。

老来福
貴
福

■ 2017年 李学立 / 摄影

河南洛阳，国家级非遗保护项目“洛阳宫灯”传承人王建水。

生

天 行 健 ， 君 子 以 自 强 不 息 。

命

地势坤，君子以厚德载物。

——《周易·象传》

■ 2016 年 牛红旗 / 摄影

宁夏西海固地区，马雪穿上爸爸从城里买来的粉色连衣裙。

■ **1998 年 黄利平 / 摄影**

山东东营，下镇乡西十四村。

■ **2008年 李伟 / 摄影**

内蒙古西乌珠穆沁旗，台球室里的一对情侣。

情义

死生契阔，与子成说。执子之手，与子偕老。

——《诗经·邶风·击鼓》

情义

死生契阔，与子成说。
执子之手，与子偕老。

——《诗经·邶风·击鼓》

■ 1996 年 王福春 / 摄影

广州至成都的火车上。

■ **2017 年 陈更生 / 摄影**

河南郑州，23 年前从工地桩基洞中被营救出的幼女李恒的婚礼。

1988 年 李百军 / 摄影

山东沂水，马场峪村民争相看新媳妇。

■ **2000 年 姜健 / 摄影**

河南洛宁，一对新人。

■ 1986 年 李樯 / 摄影

陕西定边，白湾子乡李崾崄村的一对新婚夫妇。

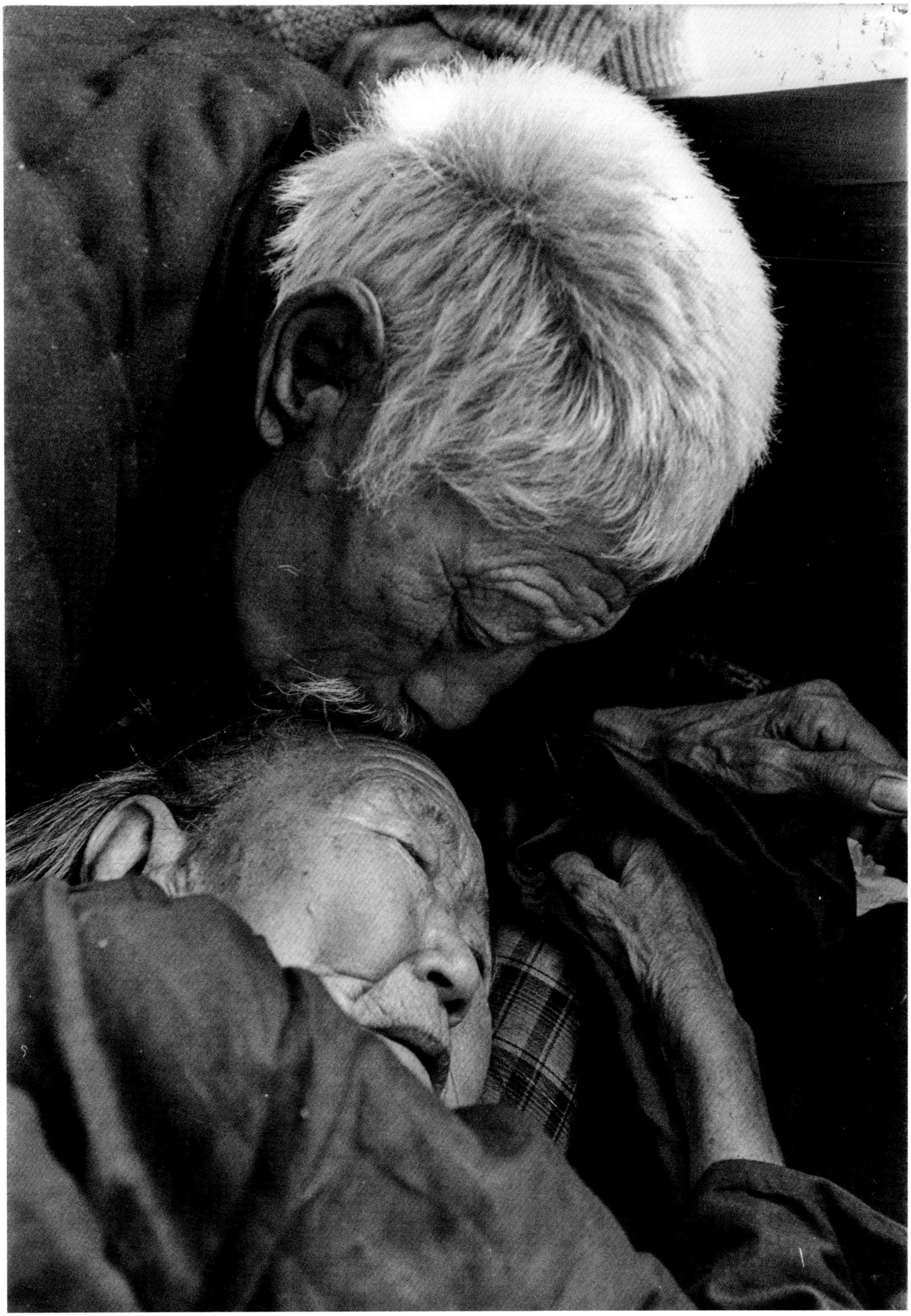

左页图

■ 1999 年 焦波 / 摄影

山东淄博，俺娘病危，爹佯说试试她的体温高不高，其实是在用这种方式和娘告别。娘竟然起死回生，又多活了五年。

右页图

■ 2013 年 宁舟浩 / 摄影

海南万宁，和乐镇五星村 105 岁的阿婆吴关凤和 104 岁的阿公罗开明闲暇时到海边散步。

■ **1992 年 黄一鸣 / 摄影**

海南海口，一家企业为年轻人举办的集体婚礼。

■ 1996年 焦波 / 摄影

山东淄博，骑车进城去拍婚纱照的一对年轻人。

■ **1991年 李百军 / 摄影**

山东苍山，宋家堡村民送新娘子。

■ 1985 年 焦波 / 摄影

山东淄博，城郊公社第一个集体婚礼。

■ **1983 年 王文澜 / 摄影**

北京，牵手骑行的情侣。

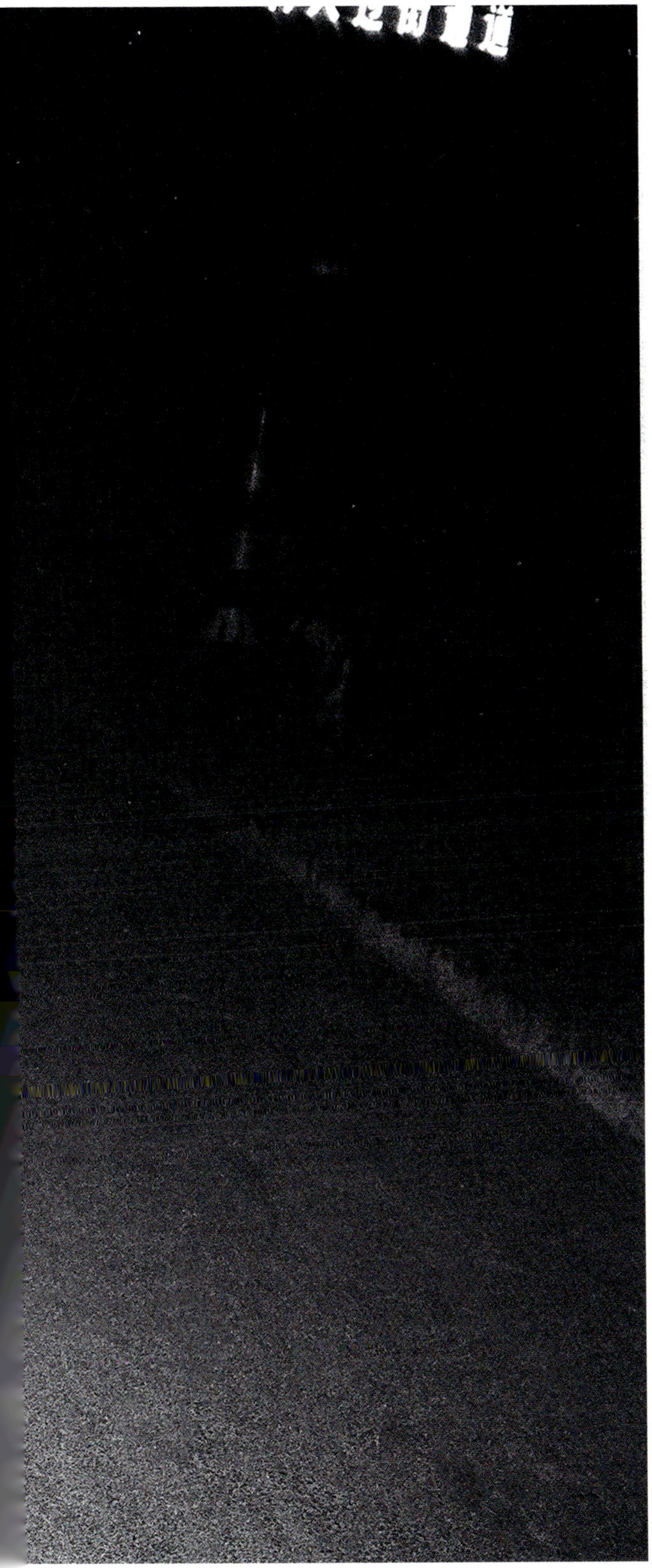

1982 年 李百军 / 摄影

山东沂水，崔家峪闹别扭的老两口。

■ **1997年 王福春 / 摄影**

上海至北京的火车上，被守护的婴儿。

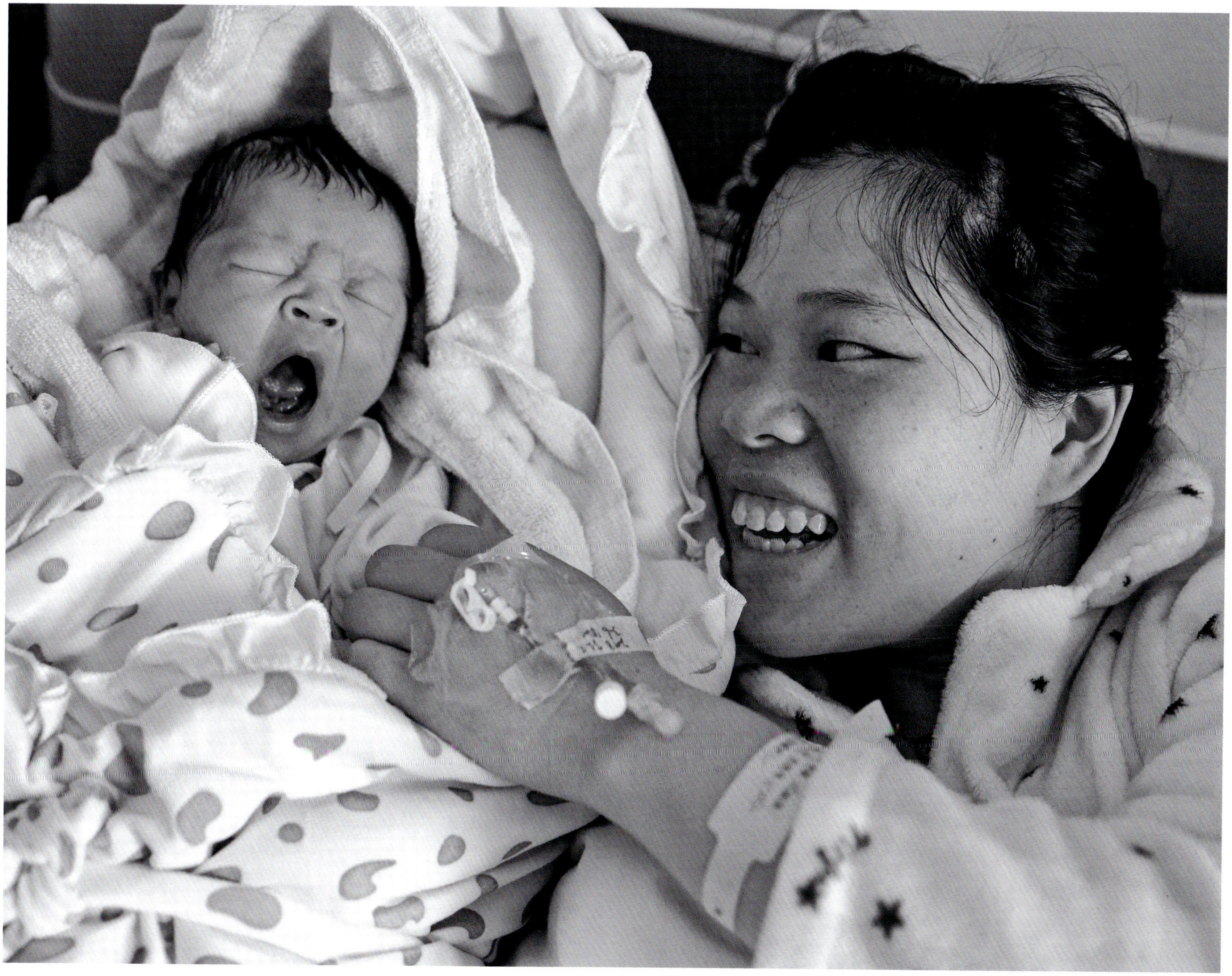

■ 2018 年 陈更生 / 摄影

河南郑州，23 年前从工地桩基洞中被营救出的幼女李恒当妈妈了。

■ **1979 年 张新民 / 摄影**

四川德阳，这对双胞胎在第二重型机器厂职工医院产房降生，哥俩年龄相差 17 分钟。

■ 1997年 姜健 / 摄影

河南林州，一家三口。

■ **2008 年 阿音 / 摄影**

内蒙古东乌珠穆沁旗，牧民嘎毕亚图一家。

■ **2012 年 黄利平 / 摄影**

山东东营，永安镇东二十三村。

■ 1992 年 侯登科 / 摄影

河南，农妇与孩童。

■ 1988 年 王文澜 / 摄影

广西玉林，一辆自行车承载着一家人的交通和需求。

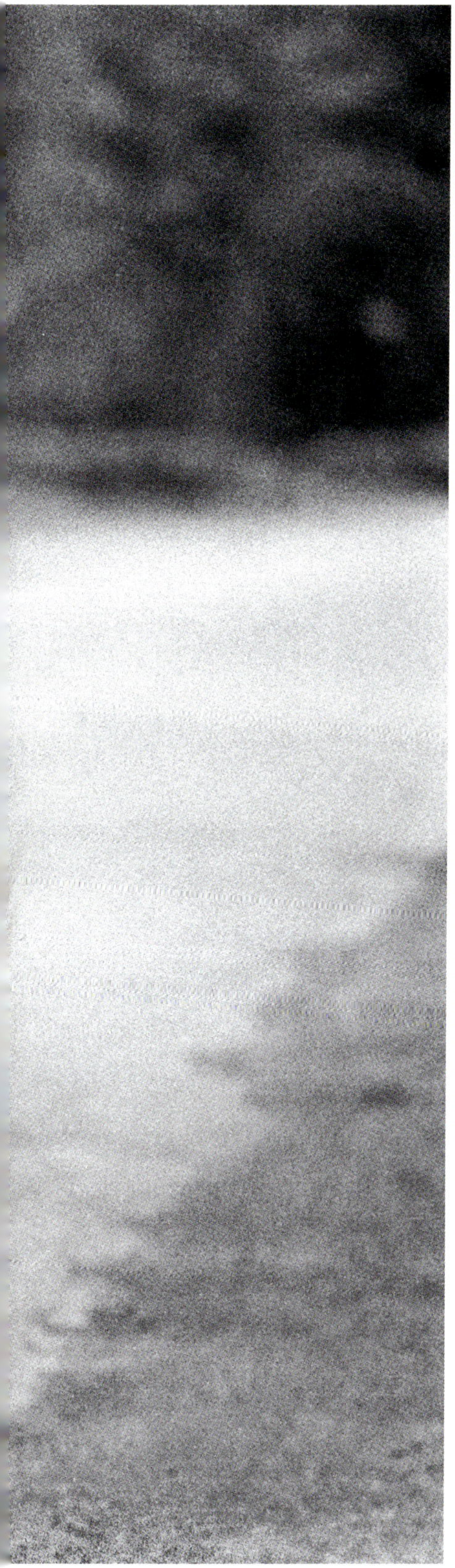

1981年 吴宗其 / 摄影

浙江淳安，小帮手。

■ **2007 年 李伟坤 / 摄影**

广西那坡，弄楠屯，山脚下的家庭。

■ 1996年 杨麾 / 摄影

四川南充，李渡镇上背着小孩赶集的母女。

■ 2008 年 巴义尔 / 摄影

内蒙古，挤奶时分。

■ 1987年 王世龙/摄影

河南灵宝，祖孙三代。

1982年 吴宗其/摄影
浙江淳安，学成归来。

■ **1989 年 朱宪民 / 摄影**

山东，等看新娘。

■ 2014年 黄利平/摄影

山东东营，永安镇四合村，爷孙俩。

左页图

■ 1960 年 王世龙 / 摄影

河南辉县，太行山农村第一次照相的孩子。

右页图

■ 2001 年 李樯 / 摄影

陕西定边，杨井乡杨湾村，“转磨磨”。

■ **2013 年 宁舟浩 / 摄影**

海南万宁，和乐镇五星村，全家五代 81 人合影。

■ 1990 年 李百军 / 摄影

山东沂水，柴山村的乡村戏班子。

■ 2000年 解海龙 / 摄影

山西静乐，上双井小学，再穷不能穷教育，再苦不能苦孩子。

■ 1998年 姜健/摄影

河南栾川，老屋前的合影。

■ 2009年 张鉴来 / 摄影

广东中山，坦洲镇新前进村的一户农家。

■ **1990 年 李楯 / 摄影**

陕西定边，安边镇集市城墙上的观众。

■ 1999 年 黑明 / 摄影

陕西延安，新窑子村新窑子村民合影。

用影像讲中国故事

《土地·岁月·人民——百年梦圆·新中国脱贫历程影像史诗》编辑记

曾泽鲲

项目的缘起

消除贫困，是人类有史以来梦寐以求的理想，是生活在天地之间那广袤土地上的人民，千百年来不曾止息的努力、劳作与渴望。勤劳善良的中华民族，始终以坚定不移、顽强不屈的信念和意志与贫困作着伟大而艰巨的斗争。然而，贫困的阴影却依然挥之不去，春去秋来，寒暑推移，历史的年轮交替变化，消除绝对贫困，实现小康生活，一直是中国人民所渴盼的梦想。

其作始也简，其将毕也必巨。

1921年，中国的历史发生了一件天翻地覆的大事件：中国共产党成立了！中国共产党一经诞生，就把为中国人民谋幸福、为中华民族谋复兴确立为自己的初心使命。中华人民共和国成立后，党团结带领人民完成社会主义革命，确立社会主义基本制度，推进社会主义建设，组织人民自力更生、发奋图强、重整山河，为摆脱贫困、改善人民生活打下了坚实基础。改革开放以来，党团结带领人民实施了大规模、有计划、有组织的扶贫开发，着力解放和发展社会生产力，着力保障和改善民生，取得了前所未有的伟大成就。

特别是党的十八大以来，党领导全国人民，制定精准扶贫的新战略，举全党全国之力，实施脱贫攻坚，克期为功，到2020年底，如期完成脱贫攻坚目标任务，现行标准下9899万农村贫困人口全部脱贫，832个贫困县全部摘帽，12.8万个贫困村全部出列，区域性整体贫困得到解决，完成消除绝对贫困的艰巨任务。

一百年来，在中国共产党的领导下，中国人民在消灭贫困的道路上经历了极不平凡、艰苦卓绝的奋斗。消灭贫困，实现千百年来中国人民的“小康”梦，是史无前例的伟大成就，这一前所未有的历史巨变，对中国农村的改变是历史性的、全方位的，这其中所发生的无数感人的故事以及这片土地上诞生的奇迹和那些创造奇迹的人，值得永远铭记。策划编辑《土地·岁月·人民——百年圆梦·新中国脱贫历程影像史诗》大型主题摄影画册的缘起，也是被这样伟大的历史巨变所感动所激励而生发的初心。

早在 20 多年前，两位主编的视角就已经聚焦到土地、岁月、人民这三个关键词上。2019 年初，出版社的编辑找到两位主编，双方不谋而合，决定以影像独特的力量记录百年变迁和历史瞬间，向世界讲述脱贫攻坚这一伟大实践。

同年 5 月，主要编委以及学术指导，在安徽黄山徽州区召开了第一次选题策划会议，当时确定了整个项目的主题基调——以土地、岁月、人民三个元概念和三个维度，用图片、诗文、大事记等不同元素，以一种诗意化的、宏观叙事的多重结构，完成一部关于新中国乡土、历史和民族精神变迁的影像史诗。

从最初的概念策划、选题确立、图片征集，到编辑、设计、制作完成，《土地·岁月·人民——百年圆梦·新中国脱贫历程影像史诗》从无到有，历时五年。

呈现的方式

在选题初期编辑阶段，我们进行了影像与概念相结合的方式进行讨论。我们预想了三种方式来呈现“土地、岁月、人民”这一宏大的主题：

第一种方式是以摄影师为核心，选择符合内容结构的摄影师，将摄影师当作一个相对独立的影像单元，最后形成几十位摄影师的作品集群，进行并列式的编排、展示。这样的好处是突出了摄影师的个性化影像以及熟悉摄影师作品的读者快速建立认知；不利之处是受制摄影师拍摄的地域和时间的局限，无法多维度呈现我们关于项目主题的理念和内在逻辑。

第二种方式是以时间线作为结构，不同摄影师的作品按照时间线的顺序，放置在整个项目的纲目结构里。好处是可以突出历史变迁，使观众和读者能沿着历史的足迹，重温新中国乡土巨变的具体场景，感受时间的节奏，以及人民前行的步履；不利之处在于，设想中的三维结构的复杂逻辑，被一条时间线掩盖了。

第三种方式是按照我们构想的大历史观照下的理念逻辑结构，选取不同地域、不同年代的摄影作品，嵌入我们给定的复合结构里，给读者一个诗意化的影像图群。显然这种方式有利于建立一个丰富的影像维度，将影像汇集在概念结构里，让影像跨越时间，跨越空间。读者可以在抽象的概念下进行具象的影像阅读。但这种方式的难度有三点：第一，如何构想出一个足以呈现乡土中国历史性变迁的文化深层篇章纲目，特别是形成逻辑自洽的标题概念体系；第二，能否筛选出支撑这样一个相对复杂的具有影像史诗气质的摄影作品；第三，概念体系与影像必须高度结合，形成紧密的结构和层次。

经过编委会多次讨论，最终决定用第三种方式呈现这样一个史诗性的影像描述。虽然难度是另外两种方式的数倍，在国内也鲜有成熟的模式借鉴，但因为一个宏大且具有开放性的主题，用简单逻辑和结构表达是不够的，需要体现我们从内容到形式的多元性和完整性。这对于乡土中国 70 多年巨变的影像梳理，对于中国纪实摄影表现领域的拓展，对于乡土中国文献研究，都是富有建设性和挑战性的，并且选择这样的呈现方式也符合两位主编当初设想这个选题时的初心。

结构的打磨

《土地·岁月·人民——百年圆梦·新中国脱贫历程影像史诗》最终确定了三卷、九章、三十五节的篇章纲目，影像和诗文导语相互交织的整体架构和基本体例。三卷即土地、岁月、人民。九章即天地、田野、故乡；解放、改革、梦想；生活、生存、生命。三十五节即山川、造化、厚生；阡陌、耕作、辛劳、收获、牧养、渔歌；家园、祭祀、归根、迁徙；翻身、合作、奋进；春天、承包、集市、进城；贫困、希望、脱贫、未来；表情、饮食、宅院、邻里；在途、乐生、游艺；情义、齐家、传承、生生。

这些概念不是孤立存在的，第一是与诗文的匹配。首先许多概念来源于诗文，例如土地卷中的“山川”源自《诗经·渐渐之石》“山川悠远，维其劳矣”，“阡陌”也是从《桃花源记》“土地平旷，屋舍俨然，有良田、美池、桑竹之属。阡陌交通，鸡犬相闻”中提取。其次，概念体现时代特征，如岁月卷中“合作”配合马烽的《我们村里的年轻人》“樱桃好吃树难栽，不下苦功花不开，幸福不会从天降，社会主义等不来，莫说我们的家乡苦，夜明宝珠土里埋，只要汗水勤灌溉，幸福的花儿遍地开……”来体现那个时代的合作精神。再者，概念配合诗句对章节内容进行抽象描述。人民卷中“情义”概念配合《诗经·邶风·击鼓》中“死生契阔，与子成说。执子之手，与子偕老”描述中国人的爱情。

第二是与影像的结合，这些概念经历了与影像的相互彰显和对立的过程。抽象的文字概念与具象的影像可能是互相匹配，也可能是彼此对立的，影像的丰富意蕴和概念的语义指向，有一个相互适应、彼此激发的作用。有时概念单独出现的时候，似乎意义很清晰，但与影像结合后，又显得内涵繁复，外延模糊。这时影像就起到了廓清概念的作用，促使我们不断进行调整：将重复的概念合并，将近似的照片归类；把多张同类的照片归到一个概念下，或者把某些大概念拆解为两个更准确的新概念，使得章节与图片结合的力量更充分地显现出来，形态丰富，内容饱满。

这些概念通过诗文和影像的双重打磨后，组合在不同的章节里，形成一种既松散又严密的逻辑关系，在二级标题和三级标题中它们是包含和被包含的关系，如“改革”章中包含了“春天”“承包”“集市”“进城”，描述了中国人民从恢复高考到市场经济发展的过程。同级标题中有着并列或递进关系，如“天地”章中“山川”“造化”“厚生”是并列关系，体现不同的自然环境，“生命”章中“情义”“齐家”“传承”“生生”是递进关系，表达中国人从爱情、亲情到生命繁衍不息的伦理精神和生活哲学。

经过这样反复打磨后，土地、岁月、人民三卷分别从历史（空间、时间）、情感和精神的多重维度，完成了对新中国乡土社会历史变迁的空间描述、时间描述、人群描述，整体结构从宏观到微观，在视觉呈现和内容含义上进行了细微的区别和设计，最后再根据影像和概念的逻辑，完成每一单元内摄影作品的排列次序，形成表现和解读上的多层次多维度融合，给阅读者的理解和想象，留下更多的可能性。

影像的选择

关于影像的选择，最初的设想是以历史文献和历史影像为主体，不仅征集摄影师的作品，而且也选用新闻媒体的历史影像，甚至可以选择一些图库的影像资料。但进入实际编辑工作后，我们发现，如果漫无边际地去筛选各种图片资料，不仅费时费力，而且难以保证影像的品质，无法实现我们给乡土中国历史变迁谱写影像史诗的宏大目标。经过学术委员会的讨论、研究，决定由学术委员会推荐国内优秀的纪实摄影师，选取其代表性的摄影作品进行编辑，形成一个具有史诗意义的经典性纪实影像的大观。

学术委员会在推荐摄影师时，有两层考虑：第一，选取经典专题的经典影像，如侯登科的《麦客》，李百军的《生产队》，黄利平的《故乡滩区》等，这些摄影作品经过了时间的考验，在影像的品质和大众认知度上有先天优势，容易形成我们所预期的图文融合效果；第二，在同样题材下，兼顾年龄和地域的差异性，入选的摄影师年龄跨度涵盖了新中国70多年来老中青三代，影像所呈现的范围也覆盖了中国主要区域，这样有利于我们在有限的篇幅下提供丰富的影像信息和视觉感受。

最终我们选取了80多位优秀的摄影师，他们既是乡土中国变迁的记录者，也是参与者，他们曾经是生产队的宣传干事，是媒体记者，是长期跟踪记录无数家庭、个人命运变迁职业摄影师，他们多样性的影像表现与我们所给出的整体结构结合，形成个人观察视角与宏观叙事结构的有机统一。

在选取过程中，我们注意到，80多位摄影师的作品不少是组照或专题作品，如何筛选原有的专题照片，如何取舍单张影像，我们着眼于以下两方面：

第一，影像的信息聚合度和表现力。我们试图抹去影像其他辅助信息（图片说明、专题阐释），恢复纪实摄影的观看标准——影像叙事。侧重影像作品中所包含的信息量以及影像的表现力，在呈现内容信息相似的作品中，我们选择影像表现力更强的作品；而在影像表现力相当的作品中，我们选择信息量更饱满的作品。

第二，影像的延伸性。在部分需要呈现氛围和诗意的章节中，我们侧重选取能提供联想和延伸性的摄影作品。例如，土地卷的“造化”章节里，我们选取了具有中国山水意象的影像作品，以此表达中国人特有的山水观以及“仁者乐山，智者乐水”的哲学境界。在“故乡”章节里，我们选取了黄利平、李樯、倪国华等摄影师的作品，他们的作品具有非常突出的田园诗意和故乡情感，他们镜头下的意象——走不完的乡路、村口的古树、墙头上盛开的杏花，晕染开我们对乡村故里的记忆画面，引发我们对土地、故乡和亲人深沉的情感共鸣。

影像的编辑

我们将征集来的上万张影像作品反复筛选，不断明晰概念，重组影像。参考了由爱德华·史泰钦（Edward Steichen）在现代艺术博物馆（Museum of Modern Art）策划的展览《人类一家》，以及王鲁先生等主编的《逝者如斯》画册体例。通过它们的案例我们发现，打散重组的影像编辑方式面临三个问题：影像与概念的匹配度、影像丰富性和统一性以及画册整体的完整性。

第一，影像与概念的匹配度。要完成高匹配度是一个双向的过程，从概念出发寻找影像，从影像出发提炼概念。但这两点都离不开具有一定规模的影像数量。所以我们从初定 56 位摄影师，扩展到 73 位，每位摄影师平均提供了 300 张照片。初稿形成后，编委会又将摄影师补充到 80 位，不仅如此，我们根据卷册、章节的需要，不断从多个渠道补充摄影作品，尽量完美地实现我们对于概念与图片的有机整合。正是因为有了众多摄影师的支持，有他们提供的庞大数量的摄影作品支撑，我们才能完成影像与概念高匹配度这一艰巨的工作。

第二，影像的丰富性和统一性。我们以统一性为前提，在重组的过程中，从影像风格出发，将叙事影像与状态性影像加以区别，在不同的单元进行合并，完成了诸如岁月卷“进城”章节的影像叙事和人民卷里表达中国人民生生不息的“生生”章节的状态描述。又将丰富性体现在章节内部的影像编辑里，如人民卷的“乐生”章节，用不同年代、不同地域的独特活动影像，体现中国人民丰富的世俗娱乐生活。

第三，画册整体的完整性。我们并不拘泥于完全孤立地使用摄影师的作品，而是根据内容逻辑结构的需要，在某些章节中，使用了摄影师的专题组照，如“奋进”章节中魏德忠的《红旗渠》专题，“承包”章节中汪强的《小岗村》专题，“希望”章节中解海龙的《希望工程》专题，“脱贫”章节中于全兴的《幸福母亲》专题，这样做的目的是让画册更有层次，达到我们对特定章节内容的充分表达，让影像在抽象的概念下，画册整体呈现一种点、线、面的关系，使其更具完整性和可读性。

用诗意影像讲中国故事

土地卷，总体上以空间为基调，土地本身既是一个空间概念，是人类赖以生存的环境，也是一个具有中华文明内涵的文化概念。从乡土中国土地景观的影像呈现，到中国人置身其中的生存方式，再到中国人对土地的丰富情感，从这三个方面我们将土地卷具体分为天地、田野、故乡三个章节。影像的节奏，从一个俯瞰的全景镜头展开，逐渐平移、延伸到内心的独白，通过这三个章节表达中国人对土地特有的复杂而深沉的情感：我们生于斯，长于斯，欢乐于斯，歌哭于斯，绵延于斯，离别于斯，思念于斯，又复归于斯。

岁月卷则是以时间为轴，集中表现新中国乡土社会和生活的历史性巨变，通过珍贵的时代影像，回溯过去，让历史的车轮再一次从我们身边走过，在抚摸历史车轮留下的深深痕迹时，我们是这一历史进程的见证者，同时也是这一伟大时代的推动者：土地改革，妇女解放，家庭联产承包责任制，恢复高考，改革开放，进城打工，摆脱贫困，希望工程，幸福工程，扶贫搬迁，小康生活。

人民卷旨在从哲思与诗意的角度，表现中国人的精神和情感生活的丰富与单纯。我们对生活、生存和生命的感悟、哲思与态度，既世俗又高雅，既多元又一体，既平凡又高妙，无一不带着深深的中国文化与智慧的印记，成为我们传承历史、开创未来取之不尽、用之不竭的精神源泉。

从山川造化到辛劳耕作，从牧养渔歌到家园归根；从土改翻身到农民进城，从摆脱贫困到迈入小康；从中国表情到饮食邻里，从游艺乐天到生命传承。对于新中国乡土社会的历史变迁、新时代脱贫攻坚伟大实践，《土地·岁月·人民——百年圆梦·新中国脱贫历程影像史诗》建构了一个多维度、多视角的中国化诗意叙事逻辑，完成了一部影像史记的纪录与呈现。